武力紛争法と
イスラエル・パレスチナ紛争

第2次インティファーダにおけるテロと国家テロ

松山健二 著

大学教育出版

武力紛争法とイスラエル・パレスチナ紛争
― 第2次インティファーダにおけるテロと国家テロ ―

目　次

はじめに ……………………………………………………… 5

第1部 国際法、戦争法、武力紛争法、イスラエル・パレスチナ紛争 ……………………………………………15

第1章 国際法 ……………………………………………16
第1節 国際法の概要　*16*
第2節 国際法における相互主義　*20*
第3節 国際違法行為と賠償　*24*

第2章 戦争法 ……………………………………………*26*
第1節 戦時法規と開戦法規　*26*
第2節 開戦法規の概要　*27*

第3章 武力紛争法 ………………………………………*34*
第1節 武力紛争法の基本原則　*34*
第2節 武力紛争法の歴史　*38*
第3節 武力紛争法を構成する条約　*44*
第4節 武力紛争法における国家責任と戦争犯罪　*50*
第5節 戦時復仇　*57*
第6節 武力紛争法からの逸脱　*62*

第4章 国際法とイスラエル・パレスチナ紛争 …………*64*
第1節 イスラエル・パレスチナ紛争の背景と歴史　*64*
第2節 オスロ合意とパレスチナ自治政府の成立　*71*
第3節 イスラエル・パレスチナ紛争の現況　*75*
第4節 ヨルダン川西岸・ガザの国際法上の地位　*80*
第5節 ヨルダン川西岸・ガザへの武力紛争法の適用　*86*
第6節 イスラエル・パレスチナ紛争への武力紛争法の適用　*90*

第2部　武力紛争法とイスラエル・パレスチナ紛争……… 95
第1章　交戦者資格とイスラエル・パレスチナ紛争……… 96
　　第1節　交戦者資格の概要　*96*

　　第2節　交戦者資格の歴史　*97*

　　第3節　ジュネーヴ諸条約の交戦者資格　*100*

　　第4節　交戦者資格の要件の論点　*103*

　　第5節　交戦者資格の要件の現実性　*106*

　　第6節　パレスチナの武力行使における交戦者資格の問題　*107*

第2章　目標区別原則とイスラエル・パレスチナ紛争…… *113*
　　第1節　目標区別原則の概要　*113*

　　第2節　軍事目標の概要　*114*

　　第3節　均衡性原則の概要　*119*

　　第4節　軍事目標と均衡性原則の論点　*120*

　　第5節　パレスチナの武力行使における目標区別原則の問題　*124*

　　第6節　イスラエルの武力行使における目標区別原則の問題　*127*

第3部　結　論……………………………………… *133*

あとがき ……………………………………………… *138*

参考文献 ……………………………………………… *161*

はじめに

　現在、テロは、国際政治、そして国によって異なるが国内政治にも、またさらに政治以外の様々な分野にも、多大な影響を与えている。新聞の紙面、特に国際面ではこの言葉が出てこない方が少ないともいえ、また、一般向けのものから学術的なものまで多くの文献やインターネット上のサイトで日常的といって良いほどこの言葉が出てくる。この傾向に拍車をかけたのはもちろん 2001 年 9 月 11 日に米国で起きた同時多発テロであるが、テロという言葉は 20 世紀以前の国際政治においても一定の地位を占めてきた。そして、この言葉が非常に多く使用される場の 1 つが中東であり、中でもイスラエル・パレスチナ紛争においては特にそのようにいえる。例えば、次のような記述がある[1]。

　　テロリスト集団は、第 3 次中東戦争に続く時代に創造されたものではない。彼らは、1880 年代にパレスチナで再開されたユダヤ人の入植に対するテロを起源とする使い古された道を歩いてきた。

これは、パレスチナがハイジャック等のテロをイスラエルに仕掛けるようになったのは第3次中東戦争（1967年）以降であるが、具体的な方法こそ異なるものの、その起源はもっと古いとしているのである。

　イスラエルとパレスチナが相互承認をし、パレスチナ自治の枠組みを定めたオスロ合意以降では、イスラエル・パレスチナ紛争に係る状況は大きく変化したが、テロという言葉がまとわりついていることは変わらない。また、この紛争で使用されるテロという言葉は、敵対する相手の行為を批判する道具として使われている。例えば、次のような記述がある[2]。

　　イスラエルはパレスチナ人による発砲や自爆行為を、イスラエル兵やユダヤ人入植者に対するものを含めてテロとみなす。これに対して、パレスチナ側はイスラエルの報復を「国家テロ」と非難する。民族解放のための武力闘争をテロと呼ぶのかを含め、何がテロなのかを定義するのは難しい。

　ここでは、敵対する相手の行為をテロとして批判するとき、自らが行っていることはテロではないか、またはテロであってもその行為を正当化しうる余地があることが前提となる。もっとも、このような相対立する主張が並存する状況にあるからといって、テロの定義として大方の同意を得るものがないわけではない。例えば、次の定義は、それほど受け入れがたいものとはいえない[3]。

> テロリズムとは、政治的な動機に基づく、準国家集団又は秘密工作員が非戦闘員を目標にして行う暴力であると、一般的に定義されている。

これは、米連邦議会の議会調査局が2005年9月に刊行した『テロリズムと国家安全保障 課題と傾向』という報告書にある記述であるが、別の段落では次のようなものもある。

> 問題を複雑にしているのは、国際的には、ある者にとってのテロリストはしばしば別の者にとっては自由の戦士であるように、国家・機関は歴史的にテロリズムの定義について同意できずにきたことである。

同意できなかったのは、実際にどのような政治的立場に立つかということに影響されることなく、テロであるか否かを機械的に判断できる定義やそれを実効的なものとする環境を、国家が作り出してこなかったからである。このことを、テロリズムの専門家であるチャールズ・タウンゼンド（Charles Townshend）は、次のように説明している[4]。

> テロリズムを定義することは、何故難しいか？一言でいえば、それは「ラベリング」である。何故なら、「テロリスト」という表現が、個人であろうと集団であろうと、自ら進んで採用されたことは、これまでほとんどないからである。それは、他者が呼ぶものであり、国家が自らを攻撃したものを真っ先にそのように呼ぶのである。国家は、非人間性、犯罪性、おそらく最も重要なこ

とは実際に政治的支援を受けていないことの意味付けとして、暴力的な敵対者をテロリストと呼ぶことを躊躇して来なかった。

このことは、イスラエル・パレスチナ紛争におけるテロについてもそのまま当てはまる。イスラエル・パレスチナ紛争は、非常に論争的な分野であり、様々な主体による個々の行為を客観的に評価することは難しい。また、それぞれを支援する国家、NGOおよび個人があり、イスラエルとパレスチナを中核として様々な情報発信が行われている。これらは、タウンゼンドの説明が的確に当てはまる事例である。ここでは、とりあえず客観的な評価はさておき、2つの例を次に掲げる。

2004年1月30日に、イスラエルが国際司法裁判所に提出した陳述書には、次のような記述がある[5]。この陳述書は、国連総会が国際司法裁判所に「イスラエルによる壁建設から発生する法的結果」について勧告的意見を与えるよう要請したことを受けて、国際司法裁判所に提出したものである[6]。

> 2002年3月には、37回の独立したテロリスト攻撃が、イスラエルに死者をもたらした。これらの攻撃は、135名を殺害し、他に721名の負傷者—多くは重傷—を出した。死者のうち、12名は子どもであり、28名が70歳代と80歳代であった。殺害され負傷した者の圧倒的多数は文民である。すべてが明確に標的とされた。

第10回国連緊急特別総会の第21回会合(2003年10月20日)

で、シリアのメクダド（Mekdad）代表は、次のように述べている[7]。第10回国連緊急特別総会とは、東エルサレムの南部であるハル・ホマ（Har Homa、パレスチナ側の呼称は Jabal Abu Ghneim）にイスラエルが入植地の建設を開始したことを契機とし、アラブ諸国の要請に基づいて、「占領されている東エルサレムおよびパレスチナの残りの占領地におけるイスラエルの違法行為」を議論するために、1997年4月に始まったものである[8]。

> パレスチナの占領地は、最近の数週間・数か月に亘って、占領国であるイスラエルが戦争犯罪と国家テロリズムに関与する本物の戦場であった。イスラエルの占領軍は、殺傷兵器をパレスチナの無辜の文民—女性、子ども、老人—への攻撃に用い、先月は1か月だけで約百名のパレスチナ人を殺害し百名を超える負傷者を出すという無比の残酷さを示した。

このように、イスラエル・パレスチナ紛争では、それぞれの立場から相手側の武力行使をテロや国家テロと呼んでいる。

他方、イスラエル・パレスチナ紛争は、テロの扱いを除いても論争的な分野である。歴史的経緯の複雑さ、宗教に由来するそれぞれの立場の非妥協性など問題は多岐にわたる。国際的に繰り広げられてきたその議論は、イスラエルまたはパレスチナのそれぞれの立場に共鳴を示しその相手を批判する政治的ともいえるものが多い。日本語の文献では、おおむね中立的なものが多いが、それでも冒頭に挙げた例のように、どの行為をテロ

と規定し、その責任を誰に帰させるかという問いに回答するには、一定の困難さが常につきまとう。

　もっとも、日本語の文献では、パレスチナの武力行使——すべてではないが——をテロと呼ぶものが多いが、イスラエルの武力行使を国家テロと表現するものは多くはない。これは、武力行使の主体が国の正規軍か否かによって便宜的に使い分けられているわけであり、必ずしもイスラエルとパレスチナの双方の主張を客観的に評価したものばかりではない。

　つまり、イスラエル・パレスチナ紛争におけるテロを扱うことの困難さは、テロに由来するものと、紛争そのものに由来するものとの混合ともいえる。

　そこで、本書では、国際法——具体的には武力紛争法を中心とする戦争法——というすべての国家および人民に適用される法を手段とし、イスラエル・パレスチナ紛争における「テロ」と「国家テロ」の客観的な評価を試みるものである[9]。具体的には、2000年9月に始まった第2次インティファーダ以降に焦点を当てる[10]。ただし、第2次インティファーダの実態については、武力紛争法上の評価に必要な具体的かつ客観的なデータを得るのは困難なケースが多い。そのようなケースについては、評価の論点を提示するにとどめる。なお、武力紛争法には、占領地における占領国の権利義務を定める占領法規がある。イスラエルの行為について占領法規から問う議論が広範に行われているが、本書では敵対行為に係る武力紛争法に焦点を絞り、占領法規については必要な範囲で論及するものとする。ところで、国

際法は国家を規律する法であるが、個人への適用は一様ではない。この点については本編で必要に応じて触れる。

　武力紛争法に限らず国際法がテロに対しどのように向き合っているか、そしてどのように向き合うべきか、という点については様々な議論がある。それらは広範な観点から行われているが、中には、当然のことながらイスラエル・パレスチナ紛争を対象としたものも含まれる。本書ではその内容を必要に応じて参照するが、テロへの対処について国際法の役割を懐疑的に捉える見解の一例をここで概観してみる[11]。これは、そのような見解の代表というわけではないが、武力紛争法を踏まえて論理を展開しており、論点を大雑把ではあるが示すものとなっている。なお、表現の一部を一般的なものに改めた。

① 国際法は、法の精神より条文にこだわる傾向から、テロに対処するには、恐ろしく弱いことがわかっている。しかし国際法は、テロを犯罪そのものと認める定義が作れないでいる。

② 交戦規則は、1949年のジュネーヴ諸条約と、1970年代に開かれた「武力紛争において適用される国際人道法の再確認と発展に関する外交会議」で採択された2つの追加議定書をベースとしている。驚いたことに、この会議には、テロ支援国家のみならず、国際テロ組織の代表までオブザーバーとして招かれ、会議中公然とロビー活動を行ったのであった。

③　もともとジュネーヴ諸条約は、軍服を脱いだ兵隊や民衆の中にまぎれて隠れている兵隊を保護しなかった。その後の議定書は、戦闘員に関するこの区別を事実上なくしてしまった。

④　テロリストは、交戦規則を一切無視するので、テロを駆逐するにあたり、これを盲目的に守ってもラチがあかない。

　最初に、主張①を取り上げる。国際法は、主として慣習国際法と条約によって構成される。慣習国際法は国家の一般慣行が諸国家の法的確信によって承認されて成立するものであり、条約は国家間で文書の形式で締結される国際法上の合意である。慣習国際法はすべての国家が遵守しなければならないが、これはそもそも条文によって構成されているものではないので、条文にこだわりようがない。もっとも、本編で紹介するように、一般条約が慣習国際法となることはある。次に、条約であるが、これはその当事国のみに履行する義務がある。また、国際法において、条約の文言が妥当する範囲はその存在理由に照らして、一定の限界を持つとされており[12]、条文にこだわるという主張は的を射たものではない。

　すべての国家が履行する義務がある慣習国際法は、会議で成立することはない。他方、条約は条約の当事国のみを拘束するものであり、当事国となるにはそのような国家の意思が前提となる。つまり、国際テロ組織の代表がオブザーバーとして参加している会議で条約が成立したとしても、それを受け入れるか

どうかは国家の自由な意思に基づくものであり、主張②は意味がないといえる。また、本編で説明するが、イスラエルは、ジュネーヴ諸条約の追加議定書の当事国ではなく、したがって本書ではイスラエル・パレスチナ紛争を論じる際に当該議定書を直接適用することはしない。

　主張③で示されるジュネーヴ諸条約および2つの追加議定書の解釈について著者は同意しないが、ジュネーヴ諸条約の追加議定書は慣習国際法となっている部分を除いては非当事国を拘束しないので、これも国際法に対する一般的な批判とはなりえない。

　国際法においては、それに反する行為があったときは、対抗する手段が、相互主義など国際法の原則から、また場合によっては条約の具体的な規定で保障されている。主張④は、第2次世界大戦における国際違法行為を裁いたニュールンベルク裁判や東京裁判をどのように理解しているのだろうか。もっとも、武力紛争において国家と個人による国際法の履行をどのように保障するかという点については、様々な論点がある。この点については、本編で詳述する。

　ところで、このように国際法を否定的に捉える見解は、著者の受け入れるところではないが、本編で詳述するように、国際法は、イスラエル・パレスチナ紛争におけるテロ問題の万能薬となるわけではない。国際法は、固有の曖昧さを持つとともに、現実の国際社会の力関係から影響を受ける。しかしながら、権利義務を律する法としてこれに替わるものがあるわけではな

く、むしろこの観点から切り込むことで規範性や履行の確保などの問題を明らかにしたい。

　本書は、武力紛争法とイスラエル・パレスチナ紛争の両方の分野に関心を持つ層を対象とするものである。初学者にも理解し易いものにするため、これらの分野について基本的なところから紐解くとともに、先行研究の成果を踏まえた分析も行う。

　イスラエル、パレスチナのそれぞれの立場に共鳴を示しその相手を批判する論が多いことは先に述べたが、それらの文献では、本書が扱う武力紛争法について言及しているものもある。本書はそれらの一部を厳しく批判するが、支援そのものやその理由まで批判するものではない。

第1部

国際法、戦争法、武力紛争法、
イスラエル・パレスチナ紛争

武力紛争法は戦争法を構成し、戦争法は国際法を構成する。第1部では、武力紛争法の理解に必要な範囲で、国際法と戦争法の概要を述べる。また、武力紛争法のイスラエル・パレスチナ紛争への適用という観点から、国際法・戦争法とイスラエル・パレスチナ紛争との関係についても扱う。

第1章　国際法

第1節　国際法の概要

　国際法とは、国家と国家の関係において国家の権利義務を規律する法であり、これは国内法がその国の政府や国民などを規律する法であることと対比できる。両者は、規律する対象がこのように原則的に異なる上、その法源もまたまったく異なるという対照的な関係にありながら、現実には交錯する局面は多々あり、そのような局面はさらに増えてきているといえる[13]。

　国際法と国内法の法源が異なるとは、前者が、諸国家の慣習や、条約などの諸国家の合意を法源とするのに対して、後者はそれぞれの国の政治・文化によって異なるものの、多くは国民など国内の主体の権利を法源としている、ということである。他方、国際法と国内法が交錯する局面が多々あるというのは、国家には、国際法上の主体として多くの権利義務があるが、そこには国内法の管轄事項と範囲が重なっている部分が多く含まれることである。例えば、米国の憲法においては、連邦議会が戦争を宣言する権利を持つ一方、陸海軍の総司令官は大統領で

あると規定されている。米国が他国に対して武力を行使する際には、これらの憲法上の規定を満たさなければならないが、国連憲章ほかの国際法が規律するところでもある[14]。つまり、各国の政策決定過程に国際法は関与しないが、その結果である国家の行動は国際法と反したものであってはならない。そして、近年国際法が関与する範囲は広がっており、国際法と国内法の交錯する局面はさらに増えてきている。本書の対象である武力紛争法の歴史的展開を後述するが、そこでも、国際法が関与する範囲が広がっていることの一例を見ることになる。

　国際法は、主として慣習国際法（customary international law）と条約によって構成される。条約とは、国家間で文書の形式で締結される国際法上の合意であり、条約の当事国のみを拘束する。他方、慣習国際法とは、諸国家の一般慣行のうち、国際法上の権利義務に基づくものとして諸国家から承認されているものをいう。つまり、一般慣行であるという客観的要素と、国際法上のものとする諸国家の認識という主観的要素の両方が並存して、はじめて慣習国際法になるといえる[15]。複雑でしばしば相互に矛盾する個々の慣行から推論することに伴う不明確さはあるものの[16]、それは国家の法的確信や国際裁判所の判決などによって一定程度回避することはできる。法的確信（opinio juris、ラテン語）とは、国際法上の主体が、ある実行を国際法上のものとして認識することをいう。

　国家の法的確信は、国家の対外的な意思表示や個々の実行として表れるものに限られない。兵員等政府の構成員に対する訓

令やマニュアルの中に、見いだすことができる。武力紛争法については、各国の交戦規則に反映されることになる[17]。

ただし、ここで注意しなければならないのは、個々の国家の法的確信や国際裁判所の判決は、当該案件が慣習国際法の要件を満たしているとその主体が判断していることを意味するものであり、それ自体が慣習国際法の要件を満たすものではないということである。慣習国際法は、その内容が条約――特に一般条約という形式――で法典化されることがあるが、これは慣習国際法の内容が条約として確認されるだけであって、その逆――つまり、一般条約であれば慣習国際法になる――は成り立たない。

例えば、国際司法裁判所規程の第38条には次のような規定がある。

> 第38条
> 1 裁判所は、付託される紛争を国際法に従って裁判することを任務とし、次のものを適用する。
> a 一般又は特別の国際条約で係争国が明らかに認めた規則を確立しているもの
> b 法として認められた一般慣行の証拠としての国際慣習
> c 文明国が認めた法の一般原則
> d 法則決定の補助手段としての裁判上の判決及び諸国の最も優秀な国際法学者の学説。(以下略)

aは条約であり、bは慣習国際法である。もっとも、ここでは、国際司法裁判所が裁判を行う際に適用する国際法を規定し

ているわけであり、国際司法裁判所の管轄権を超えてまで、適用されるべき国際法の範囲を定めたものではない[18]。

　国際司法裁判所は、国連の主要機関であり、法律的紛争について裁判を行うとともに、総会・安全保障理事会および他の国連機関（総会の許可を得るとき）の要請に基づき勧告的意見を与える。勧告的意見に法的拘束力はないが、一般に高い権威が認められている[19]。裁判は、当事者間においてかつその特定の事件に関してのみ拘束力を有する（国際司法裁判所規程第59条）。国際司法裁判所の判決は、先例として他の審理を拘束するものではないが[20]、実際には裁判で頻繁に引用される。また、裁判には紛争当事国の付託合意が必要であるなど、国際司法裁判所が強制管轄権を持つわけではない。国際裁判所に強制管轄権がないことは、公権力を集権的に行使するシステムを持たない国際法体制においては、一部の例外を除いて一般的な特徴となっている。

　他に、武力紛争に係る国際裁判所として、旧ユーゴスラヴィア国際刑事裁判所、ルワンダ国際刑事裁判所、常設のものとして国際刑事裁判所がある。ただし、これらの国際裁判所の根拠法や管轄権は異なり、その判決等はそれらを踏まえて解釈される必要がある。

　国際法が律するのは国家にとどまらず、政府の構成員や国民も含む。例えば、米軍資料『作戦法ハンドブック2005』には、次のような記述がある[21]。この資料は、米軍の法務官の実際的な職務遂行の為に作成された資料である。

米国の戦争法上の義務は、国家に課せられる義務であり、兵、水兵、飛行士又は海兵隊員のすべてを拘束するものである。

　国際法が政府の構成員や国民にどのような作用を及ぼすかは一様にはいえないが、武力紛争法に係る範囲については、第3章第4節「武力紛争法における国家責任と戦争犯罪」で扱う。

第2節　国際法における相互主義

　国際法には、各国の国内法体制にあるような、集権的に公権力を行使することでその体制を維持するような機能を構造的に持たない。もっとも、安全保障については国連、貿易については世界貿易機関があるなど、一般条約によって国際機関を設立しそこで当事国間の紛争解決を行う枠組みを設けることはある。ただし、前者については、十分に機能しているかという点で議論があるのは良く知られているところである。

　それでは、国際法の遵守はどのように保障されるかというと、主要な役割を果たすのが相互主義である。

　相互主義（reciprocity）とは、国家が負う法的義務・負担や国家が得る権利・利益の均衡を維持すること、または維持させるべき、ということを意味する国際法の基本原則の1つである[22]。この基本原則は、自国が相手国を扱うのと同様に相手国が自国を扱うとの期待またはおそれを生じさせ、主権国家に国際法を

遵守させる動機を形成させるものとなっている[23]。国際法上の義務に反する行為を国際違法行為というが、この相互主義は、国際法の主体が国際違法行為を行うことを抑止する機能を持つ。

ただし、相互主義は、慣習国際法および一般条約においては、個々の権利義務の規定や適用についての規範となるが、一般条約以外の条約や個々の国家実行において、国家がその権利・利益を他国に移譲したり、他国が負うべき法的義務・負担の履行を求めたりしないことは、他国に違法な手段で強要されるなど国際違法行為によらない限り国際法上問題はない。

他方、国家が負う法的義務・負担や国家が持つ権利・利益は、形式的には同一であっても実質的には国家によって異なってくることは多々ある。例えば、船舶が沿岸国の平和、秩序および安全を害さない限りその領海内を航行する権利を無害通航権というが、軍艦にも同様にそれが適用されるという見解と、軍艦については予め沿岸国が許可したときに適用されるという2つの見解がある[24]。どちらの見解をとっても、相互主義の原則は形式的には満たされるが、強力な海軍を擁する国家は許可を必要としない解釈が自国によって有益であり、そうでない国家は逆である。このように、相互主義は、実際の局面では問題をはらんでくる場合がある。

相互主義は、慣習国際法および条約の個々の内容に反映されるが、条約の個々の条項の適用については、留保においてその原則を確認できる。他に、相互主義に基づくものとして、武力

紛争法では総加入条項および復仇がある。

留保とは、多数国間条約に国家が参加するに当たって、特定の条項の自国への適用を排除または変更するとの宣言を一方的にすることである。この留保は、留保を行う国の他の当事国との関係に適用されるだけでなく、他の当事国もその留保を行う国に対して適用しうる。

総加入条項とは、第1次世界大戦以前の戦時法規に係る条約に、しばしば規定されたものである。戦争において交戦国のすべてが条約当事国のときにのみ、条約を履行する義務が生じるというものである。例えば、ハーグ陸戦法規では第2条で規定されている（ハーグ陸戦法規については、第3章第3節「武力紛争法を構成する条約」を参照）。

復仇とは、国際違法行為を受けた国が、その中止または救済を求めるために行う、本来的には国際違法行為となる措置である。次の3つの要件に合致することで、その違法性が阻却される[25]。

① 「国際違法行為が存在すること」
② 「復仇に先んじて国際違法行為の中止または救済を求めていること」
③ 「国際違法行為と復仇としてとられる措置が均衡していること」

復仇は、同じく国際違法行為に対抗するための措置であり、その措置が非友好的ではあるが国際違法行為ではない報復

（retorsion）とは区別される[26]。

　相互主義が国家に国際法を遵守される大きな要因となっていることは、国際法を構成する武力紛争法にも当然該当するが、武力紛争法への影響の度合いは他と比較して高いものである[27]。紛争当事国の国民には、戦闘員（combatant）であろうと文民（civilian）であろうと、武力紛争法が適用される。戦闘員であれば、敵の権力内に陥った場合に、武力紛争法上保障されている捕虜としての待遇を実際に得られるかが問われる。また、文民であれば、軍事目標ではないことに加えて、自らが居住している地域が敵に占領された場合、占領地における文民として保護されるべき待遇が実際に得られるかが問われる。つまり、紛争当事国は、武力紛争法が規律する武力紛争の主体であり、その個々の構成員が武力紛争法遵守で利益を得るなどその客体でもある。これは、第三者による調停や当事者間による交渉を行いうる平時の国家間の紛争とは異なり、武力紛争において特に顕著となる状態である。もっとも、敵対する紛争当事国間では、軍事力の質量が異なるなどして、必ずしも武力紛争法の遵守において同一の利害を有することはない。

　武力紛争法に係る復仇を戦時復仇といい、他国の国際違法行為に対して復仇を行う際に、その手段として武力に訴えることを武力復仇という。前者は第3章第5節「戦時復仇」で、後者は第2章第2節「開戦法規の概要」で論じる。

第3節　国際違法行為と賠償

　国際法上の義務に反する行為を国際違法行為といい、この国際違法行為を国家が行った際に国際法上負うのが国家責任（state responsibility）である。国家責任は、主に、国際違法行為を受けた国などに対する賠償（reparation）の責任である。賠償は、違反行為がなかったとしたらそうなっていたと思われる状態を回復することであり、第1に求められるのは原状回復（restitution）となるが、それが実際に困難であったり、原状回復したとしても違法行為を受けた側がそれで受ける利益と比較して、行った側が負うコストが均衡していなかったりする場合には、補償（compensation）やサティスファクション（satisfaction）によることもある[28]。このような枠組みは、平時や戦争を問わず国際法一般に適用されるものである。なお、国際違法行為には、能動的な行為だけでなく、義務を怠るなどの受動的な行為も含まれる。

　補償は、国際違法行為に由来する、金銭的に評価しうる損害に対する支払いである。サティスファクションとは、国際違法行為を行った国が当該行為について謝罪するなど、国際違法行為を受けた国が納得するような措置である。また、国際違法行為に関与した者を処罰することなども、サティスファクションとして受け入れられるものとなる[29]。国際違法行為を行った国が、その違法行為に係る戦争犯罪を行った自国民を処罰した場

合、これも同様にサティスファクションとして扱われうる（戦争犯罪については、第3章第4節「武力紛争法における国家責任と戦争犯罪」を参照）。

19世紀までには、戦争終結に当たって、敗戦国から償金（indemnities）または領土割譲を受けるという特権が戦勝国に付与されることが確立していたが、第1次世界大戦以降は開戦責任を持つ国が戦争によってもたらされた被害の賠償をするという考え方が取って代わった[30]。このような武力紛争における国家責任の考え方は、第2次世界大戦の賠償の処理にも受け継がれたが、戦勝国が開戦責任を定める——通常は、敗戦国にあるとする——という構造的な問題をかかえていた。

国際違法行為の犠牲者が個人の場合、その個人が国際違法行為を行った国に対して、賠償を求めることができるかどうかは、国際法上の大きな争点になっている[31]。伝統的な見方は、国際法では国家のみが十分な権利と義務を保持するとして、それを認めていない。

第2章 戦争法

第1節 戦時法規と開戦法規

　戦争法とは、国際法を構成する法のうち戦争に係る部分をいう。もっとも、「戦争法」という名の慣習国際法や条約があるわけでなく、また、戦争に係る国際法を一括して呼ぶ概念として確立しているものがあるわけでもない。本書では、便宜的にこのように呼ぶものである。

　戦争法は、戦争を遂行することの可否を問う開戦法規（jus ad bellum）と、戦争遂行を律する戦時法規（jus in bello）に分けられる[32]。日本語文献では、両概念とも原綴のまま使用されることが多いが、必ずしも定着しているわけではない。そこで、本書では、その意味について比較的近いニュアンスを持つ用語として、jus ad bellum については「開戦法規」、jus in bello については、「戦時法規」という用語を当てる。戦時法規は、歴史的には交戦法規と中立法規に分けて発展してきたが、前者については、戦争という表現を紛争当事国が使用するかしないかのいかんにかかわらず武力紛争全体に適用されるように

なったので、武力紛争法（law of armed conflict）という用語が第2次世界大戦後は定着している。なお、戦時法規における中立法規の役割が相対的に低下してきたことから、武力紛争法という意味で戦争法（law of war）という用語を当てることがあれば、その人道主義的側面を重視して国際人道法（international humanitarian law）という用語を当てることもある。

　開戦法規としては、戦争放棄ニ関スル条約（1928年署名、1929年効力発生、以下「不戦条約」と略）、国連憲章（1945年署名、1945年効力発生）、戦時法規としては、ハーグ陸戦法規、ジュネーヴ諸条約が代表的なものである。

　開戦法規については、武力紛争法と関連する範囲で、次節でその概要を述べる。

第2節　開戦法規の概要

　現代の国際法は、欧州で発展した近代国際法を継承したものである。その近代国際法において、19世紀から20世紀初頭まで支配的であったのが、戦争を開始する自由を無制限に国家に認めるという無差別戦争観である。この時期は、戦争法は戦時法規とほぼ同義であった。

　無差別戦争観の下では、戦争は国家が一方的に戦意を表明することで開始され、多くは交戦国間の講和の同意により終結した。開戦ニ関スル条約（1907年署名、1910年効力発生）では、

開戦には「理由ヲ附シタル開戦宣言ノ形式又ハ条件附開戦宣言ヲ含ム最後通牒ノ形式ヲ有スル明瞭且事前ノ通告」を要するとしたが[33]、慣習国際法では、戦争の開始の要件である「戦意の表明」は、宣戦布告等の事前通告だけでなく武力行使の開始も含まれるとされていた。「戦意の表明」に始まり講和に終わるこのような戦争は、実際に武力行使がある状態（「事実上の戦争」）とは必ずしも一致せず、また次に述べる敵対行為（武力復仇、自衛等）と区別するために、「国際法上の戦争」としばしば呼ばれる。

復仇とは、第1章第2節「国際法における相互主義」で述べたとおり、①「国際違法行為が存在すること」、②「復仇に先んじて国際違法行為の中止または救済を求めていること」、③「国際違法行為と復仇としてとられる措置が均衡していること」という要件を持つものであるが、復仇としてとられる措置が武力行使である場合、それを武力復仇という。

他方、自衛は、武力復仇と比較すると、①と③の要件は同じであるが、②に替わって、④「国際違法行為が現に行われているか又は急迫していて他により平和的な手段でこれを防げないこと」、という要件が加わる[34]。

先行する国際違法行為があることと、対抗措置に均衡性が求められることにおいて、武力復仇と自衛の要件は共通するが、前者は他の平和的な手段が尽くされた後であること、後者は現に行われているかまたは急迫していて他の平和的な手段でこれを防げないことを、それぞれ要件とする。武力復仇は先行する

国際違法行為が武力行使を必ずしも含まないのに対して、自衛は現に武力行使を受けているかまたは急迫している事態が想定されている。なお、武力復仇と自衛は、中立法規が適用されないなど、「国際法上の戦争」と区別された。

このように、第1次世界大戦以前においては、国家は戦争を開始する自由を持つとともに、武力復仇または自衛のように「国際法上の戦争」以外に武力を行使する局面があった。このような開戦法規の枠組みは、大戦後に大きく変貌を遂げることになる。大きな戦禍をもたらした大国間の全面戦争は、国際世論において戦争の違法化の流れを形成することとなった。この国際世論を背景として成立したのが国際連盟規約（1919年採択、1920年効力発生）であるが、これは集団安全保障（collective security）という考え方に基づくものであった。集団安全保障とは、その安全保障体制内にある国家が侵略などの国際違法行為を行ったときに、体制の参加国全体でそれに対抗するというものである。国際連盟は、その構想を打ち出した米国が参加しなかったこと、大国に連盟規約を遵守する意思が十分になかったことなどの理由で、その紛争解決機能は限定的なものであった。

戦争の違法化の次なる展開は、不戦条約である。不戦条約の第1条には次の規定がある[35]。

　　締約国ハ国際紛争解決ノ為戦争ニ訴フルコトヲ非トシ且其ノ相互関係ニ於テ国家ノ政策ノ手段トシテノ戦争ヲ放棄スルコトヲ其ノ各自ノ人民ノ名ニ於テ厳粛ニ宣言スル

この条約は、国際紛争の解決手段や国家の政策として戦争に訴えることを禁止したが、自衛および制裁等の国際機関が行うものは、そこから除外している[36]。前文に、「戦争ニ訴ヘテ国家ノ利益ヲ増進セントスル署名国ハ本条約ノ供与スル利益ヲ拒否」されるべきとあり、戦争を仕掛けられた国家は、条約に反することなく仕掛けた国家に対して武力を行使しうるが、条約上の義務が履行されないときの対抗手段は規定上他にない。なお、この条約の成立以降、諸国は、他国に武力を行使するとき戦争という表現を避けるようになった。

第2次世界大戦が勃発し、再び大国間の全面戦争に発展すると、これはさらに大きな戦禍をもたらした。この経験を踏まえて、集団安全保障を国際連盟の失敗の反省の下に強化し、不戦条約による戦争の違法化を発展させたのが、国連憲章である。国連憲章第2条第4項を次に掲げる[37]。

> すべての加盟国は、その国際関係において、武力による威嚇又は武力の行使を、いかなる国の領土保全又は政治的独立に対するものも、また、国際連合の目的と両立しない他のいかなる方法によるものも慎まなければならない。

ここでは、戦争という名称であるかどうかを問わず、国家が武力を行使することを禁止している。これは、戦争を禁止する不戦条約の成立後、戦争とはいわずにしばしば武力が行使されてきたことへの反省を踏まえたものである。

国連加盟国は、国際の平和及び安全の維持について主要な責

任を国連安全保障理事会に負わせるものとし(第24条第1項)、安全保障理事会の決定を受諾しかつ履行することに同意する(第25条)。国連憲章第2条第4項の違反を含めて安全保障については、安全保障理事会がその責任を担い、加盟国はその決定に従うことになる。

　安全保障理事会は、「平和に対する脅威、平和の破壊又は侵略行為の存在」を決定するとともに、武力行使を含む措置をとることを決定しうると国連憲章で規定されている（第39条、第40条、第41条）。また、国連加盟国に対する武力攻撃が発生する場合には、「安全保障理事会が国際の平和及び安全の維持に必要な措置をとるまでの間」、個別的自衛権又は集団的自衛権を行使することを加盟国に認めている（第51条）。ここに、国際関係における武力による威嚇又は武力の行使は禁止され、その例外として適法である武力行使は、自衛および安全保障理事会の決定する軍事的強制措置としてのみありうることになる。

　自衛には、ニカラグア判決（後述）において、必要性と均衡性という2つの要件があることが確認されているが[38]、これは、先に説明した自衛の要件でいうと、①と④が必要性の要件であり、③が均衡性の要件となる。なお、武力復仇は禁止されたとされるものの、少なくともその一部は対抗措置という国際法上の概念に取り込まれているという指摘がある[39]。

　国連憲章では、このような集団安全保障体制を構築したが、時期によって異なるものの、実際には安全保障理事会は安全保

障の問題に十分に対処できずにきた。安全保障理事会が、国家の武力行使に対して正否の判断を明確にしたのは、朝鮮戦争と湾岸戦争などに限られており、停戦を求めるかまたはそもそも決議をするに至らなかったケースがほとんどである。また、武力紛争の結果に満足したので安全保障理事会が何の行動もとらなかったと考えることができないのは、ソ連のアフガニスタンへの侵攻などの例を見れば明らかである。

国連が武力行使の正否を判断する権能を持ち、武力行使を含む措置をとるようにしたことは戦争の違法化および集団安全保障体制の進展として評価して良いものであるが、正否の判断とそれに基づく措置をとることが義務的になっていないことは、この体制が機能不全を起こす可能性を構造的に持っていることを意味する[40]。

他方、開戦法規の司法的解決については、ニカラグア事件がその現状を顕著に現している。ニカラグア事件とは、ニカラグアが、米国が自国に対して軍事的・準軍事的活動などを行ったとして、国際司法裁判所にその違法性と賠償の決定を求めて提訴したものである。米国は、この件について国際司法裁判所が管轄権を持たないとする自国の主張が退けられた段階で本案審理の出廷を拒否したものの、国際司法裁判所は、本案判決で、米国が干渉、武力行使および主権侵害などの慣習国際法に違反する行為をニカラグアに行ったとし、これらの行為がニカラグアにもたらした損害を賠償する義務があることを決定した[41]。この判決が履行がされなかったことに示されるように、少なく

とも開戦法規については司法的解決の実効性は非常に低いといえる。

このように、安全保障理事会にしても国際司法裁判所にしても、国内法制でみられるような公権力の集権的な執行機関とはほど遠い状況にある。

ところで、国連体制では個々の武力行使の正否が判断されることとなり、戦争の当事者が法的には平等であることを前提とした中立法規は、体制成立前の地位を失うこととなった。しかしながら、これまで見てきたとおり安全保障理事会が個々の武力行使の正否を判断していない状況は多々あり、中立法規が役割を果たす機会がなくなったわけではない。

第3章 武力紛争法

第1節 武力紛争法の基本原則

武力紛争法の具体的な内容については第2部以降で示すが、ここでは、各国の軍において武力紛争法がどのように理解されているかを紹介する。

米軍と英国防軍では、武力紛争法について、次の基本原則を掲げている[42]。英国防軍資料『武力紛争法マニュアル』は、武力紛争法についての英国の解釈を示すものである。

米軍資料『作戦法ハンドブック2005』
 ① 軍事的必要性又は軍事目標
 ② 不必要の苦痛
 ③ 識別又は区別
 ④ 均衡性
英国防軍資料『武力紛争法マニュアル』
 ① 軍事的必要性
 ② 人道
 ③ 区別
 ④ 均衡性

また、カナダ国防軍資料『作戦・戦術レベルの武力紛争法』では、武力紛争法について、次の主要概念と運用原則を掲げている[43]。この資料は、カナダ国防軍の法務総監部が作成したものである。

カナダ国防軍資料『作戦・戦術レベルの武力紛争法』
（主要概念）
① 軍事的必要性
② 人道
③ 騎士道
（運用原則）
④ 区別
⑤ 無差別
⑥ 均衡性
⑦ 相互主義

米国、英国およびカナダの軍資料に掲げられている基本原則などから分かるように、武力紛争法の本質は、軍事的必要性と人道的考慮の両立にある。英国とカナダについてはここに挙げたとおりであるが、米軍資料においても、武力紛争法については、これらの4つの基本原則に先立って、戦闘員と非戦闘員を不必要の苦痛から守ること、敵の権力内に陥った者の基本的人権を保護することなどの人道主義的な目的を掲げている[44]。また、カナダ国防軍資料では、軍事的必要性は人間を尊重することと常に両立しなければならないと明記している[45]。

このように、武力紛争法が戦争遂行を律するといっても、そ

れは人道的考慮からのみ導き出されるものではない。例えば、軍事的必要性を十分に考慮せずもっぱら人道主義的観点で締結された条約があったとしても、そのような経緯で成立したものであれば、当事国となる国は少なく、ましてや慣習国際法となることもない。これでは、武力紛争法の要件を備えたものとはいえない。

また、武力紛争法における軍事的必要性と人道的考慮の両立は、後者の要請に対して前者が妥協しうるところを一方的に模索した結果ではない(この点の歴史的な考察については、次節「武力紛争法の歴史」を参照)。戦争遂行に当てうる資源は無限にあるわけではなく、戦争遂行は効率的に行われる必要がある。つまり、戦争遂行を律することは、効率的な資源配分という観点からも好ましいことになる[46]。このような理解の一例として、カナダ国防軍資料の記述の一部を次に挙げる[47]。

> 武力紛争法は、勝利を獲得するという目的を持つ当事者の軍事活動を抑制することなく、経済的かつ効率的な武力行使と合致するものであり、紛争がもたらす恐怖を最小化することを意図するものである。

軍事的必要性と人道的考慮の両立は、武力紛争法の基本原則だけでなく目的でもあるが、先に掲げたものにはより実際的な原則も含まれる。③「識別又は区別」(米)、③「区別」(英)、④「区別」(カナダ)は、軍事目標とそれ以外を区別し、前者のみを敵対行為の対象とするという目標区別原則(principle of distinction)、②「不必要の苦痛」(米)は、敵兵に必要のない苦痛をもたらす兵器の使用を禁止する「不必要の苦痛」原則というものである。すべてに掲げられている均衡性は、軍事目標への攻撃に適用される均衡性原則（principle of proportionality)を示す。また、⑤「無差別」（カナダ）は、他の資料には掲げられていないが、敵味方に関係なく権利義務が適用されるという武力紛争法の基本原則を示したものである。開戦法規を違反する側と違反していない側――例えば、侵略国と侵略に対抗して自衛する国――への武力紛争法の無差別適用は確立しているものの、差別適用が主張されることもある[48]。

ところで、近年において武力紛争法の原則を明示したものに、「核兵器の威嚇又は使用の合法性に関する国際司法裁判所の勧告的意見（1996年7月8日）」(以下「核使用の合法性に関する勧告的意見」と略。)がある。勧告的意見の中心は、その名のとおり核兵器の威嚇または使用の合法性を検討したものであるが、その中で武力紛争法の2つの基本原則を挙げている[49]。

> Ⅰ 文民及び民用物を保護することを目的として、戦闘員と非戦闘員の区別を確立する。国家は、文民を決して攻撃の目標としてはならず、したがって文民と軍事目標を区別できない兵器を決して使用してはならない。
> Ⅱ 戦闘員に不必要の苦痛を与えることは禁止される。したがって、そのような危害の原因となるか又は無益に苦痛を増加させる兵器の使用は禁止される。

ここからも、本節で紹介してきた武力紛争法の基本原則を確認できる。

第2節　武力紛争法の歴史

　武力紛争法の起源は、中世の欧州にまで遡ることができる。それは、ローマ法やアウグスティヌスらの著作物などにある、戦争における許容・禁止事項に係る法規範や思想という観念的なものや、戦争で形成されてきた慣習――降伏者の礼遇、負傷者の助命など――を基盤とするものであった[50]。もっとも、戦争遂行を律するのは欧州固有のことではない。例えばイスラームにおいては、初代カリフであるアブー・バクルが、木々、家屋、畑を焼き払うことを禁止するなどの戦時の法規を定めている[51]。なお、武力紛争法という呼称が確立したのは20世紀に入ってからのことであるが、本書ではそれ以前の時代においてもこの呼称を便宜的に用いる。

　中世の欧州に存在した戦時の法規範や慣習は、常に守られてきたわけではなかった。武力紛争法が実効性を持つようになったのは、16世紀から17世紀にかけてであり、その傾向は18世紀に入ってさらに進んだ[52]。捕虜の交換や身代金による捕虜の解放、自国の権力内に入った敵国の傷病兵の保護および帰国が、国家間で合意されるようになったのである[53]。また、19世紀までには、都市が降伏するか攻取されるかで、そこに在住す

る文民の扱いが異なることが慣行として確立していた[54]。

19世紀の武力紛争法を示す一例として、リーバー法（Lieber Code）の内容の一部を次に挙げる。リーバー法とは、米国が1863年に定めたものであり、南北戦争における自国軍（北軍）の行為に係る規則である。正式名称は、一般命令第100号（General Order No. 100）であるが、フランシス・リーバー（Francis Lieber）が作成したことから、リーバー法と呼ばれる。内戦のために作成されたものであるが、当時の欧州諸国の戦争における法と慣習を踏まえたものであり、現在その内容の大半は武力紛争法の慣習国際法に反映されている[55]。また、リーバー法は、欧州諸国が武力紛争法のマニュアルを作る際のモデルにもなった[56]。

第44条
侵攻された地域の人間に対するすべての不当な暴力、権限ある士官の命令によらないすべての財産の破壊、すべての強奪及びすべての略奪、主戦力による攻取の後であっても、その住民を強姦し、傷害し、不具にし、殺害することすべては、死刑又は犯罪の重大性に見合った他の厳罰の下に禁止される。（以下、略）

第71条
既に完全に敵対行為を行うことができなくなった敵を、意図的に傷害し、若しくは殺害し、又はそのような行為を兵に命じ、若しくは支援する者は、米国陸軍に属する者であろうと、そのような誤った行為をした後に捕らえられた敵であろうとも、有罪が正当に確定すれば、死を被らなければならない。

近代の欧州において、武力紛争法の実効性が高まりさらにその内容が拡大・深化してきたのには、4つの要因があるが、いずれもドイツにおけるキリスト教の新旧教勢力の対立に端を発した30年戦争（1618年—1648年）が深く係わっている[57]。第1の要因は、欧州諸国の軍事力の基盤が、兵を擁する傭兵隊長との契約から、国家による直接の組織化に移行したことである。これによって、兵に対する給与支払いや糧食提供の滞りを主な原因としていた無統制な虐殺・略奪は少なくなった。

第2の要因は、30年戦争が新旧教の争いに一定の終止符を打つことで終結し（ウェストファリア条約、1648年）、戦争の目的における宗教の役割が著しく低下したことである。これによって、宗教的なものは世俗の権力とのかかわりを弱め、主権国家を基本的単位とする国際秩序が形成されることとなった。国家は、自らが行う戦争の正当性を相対化して捉える傾向が強くなったのである。この傾向は、近代国際法において無差別戦争観が支配的になり、また欧州の国際政治において勢力均衡（balance of power）が大国の行動原則となるに応じて、さらに強まることとなった。勢力均衡とは、一国が国際社会を支配することも、主要な国際社会のプレイヤーである大国が没落することも共に防ぐという行動原則である[58]。これは、18世紀から19世紀にかけて、欧州の国際政治において一定程度基軸となっていたものであり、無差別戦争観とともに相互主義を伸張させるものであった。

第3の要因は、30年戦争の戦禍が多大であったことから、

人道主義に基づく戦争遂行の規律が一層実効性を持つようになったことである。

　第4の要因は、第3の要因の結果でもある相互主義の伸張である。敵兵で捕らえた者を虐待したり、占領した敵国の領土を略奪したりすれば、反対に、捕虜となった自国兵や敵国が占領した自国の領土が同様の扱いを受けかねない。敵国のそのような行為を防ぐには、自国が同様の行為を自制することになるが、これは国際法において相互主義が機能する一局面といえる[59]。時代はずっと下ってからのものであるが、カナダ国防軍資料『作戦・戦術レベルの武力紛争法』には、武力紛争法の運用原則として相互主義が挙げられており、武力紛争法を遵守するのは、法が命じるだけでなく自らの利益にもなるからであるとする[60]。第三者による調停や当事者間による交渉を行いうる平時の国家間の紛争とは異なり、武力紛争においては、相互主義が顕著な役割を担うのである。

　他方、自らが行う戦争の正当性についての認識が、宗教的・イデオロギー的に強固になるほど、相手国から受ける自国の被害は純粋に相手国の違法または不当な行為に基づくものと捉えるようになり、相互主義は機能しにくくなる。これを示す顕著な例に、ジャコバン派支配下のフランスがある。そこでは、「軍人の名誉」が「革命の名誉」に置き換えられ、当時の議会である国民公会は、最初は革命政権に対抗する亡命フランス人を、後には英国など外国の兵も、捕らえたときは射殺するよう命じている[61]。

もっとも、相互主義の減退とは直接かかわりのない局面でも、武力紛争法が守られないことはあった。戦闘が激しいほど、戦闘後に捕らえられた敵兵の扱いは過酷になり、また、そうでなくても、糧食が十分に確保できなかったり、捕虜がその軍隊にとって重荷となったりしたときも、同様のことが起きた[62]。国家には、激戦後の戦闘員の規律や糧食の確保など軍隊を統制する能力が要求されるのである。

これらを踏まえると、武力紛争法の履行を保障する条件を次のようにまとめることができる。

① 「紛争当事者が自らの軍隊を統制していること」
② 「人道主義が受け入れられていること」
③ 「国際社会において相互主義が機能する条件が揃っていること」

条件①は、後述する交戦者資格の要件の1つである「部下について責任を負う1人の者が指揮していること」と親近性を持ち、武力紛争法の根幹を占めることは明らかである（第2部第1章第3節「ジュネーヴ諸条約の交戦者資格」を参照）。

条件②については、欧州諸国がキリスト教という文化基盤やそれに基づく人道主義を共有したことが、近代における武力紛争法の発展をもたらしたのは確かである。ただし、それをもって、キリスト教国の占める比率が低下した現在の国際社会に、それを期待できないということはない。国際人権法である社会

権規約（1966年採択、1976年効力発生）および自由権規約（1966年採択、1976年効力発生）などの条約や、武力紛争法であるジュネーヴ諸条約が圧倒的に多くの国を当事国としていることから、人道主義は国際社会において国際法上の規範として受け入れられているといえる。国際人権法は第2次世界大戦後に大きく展開し武力紛争法の拡大・深化に寄与してきたとされており、条件②はむしろ強化されてきているといえる[63]。

　条件③については、慎重な評価が必要である。20世紀に入ってからの開戦法規の発展により、個々の武力紛争について国際法上の正否の判断を要求する体制ができた。また、航空戦力等の軍事技術の進展は、武力紛争において、脆弱性と非脆弱性が際立つような局面を生み出すこととなった（第2部第2章第4節「軍事目標と均衡性原則の論点」を参照）。これらは、条件③を弱める要因になる。もっとも、相互主義が国際法の基本原則の1つであることは変わっていない。

　武力紛争法の履行を保障する条件としては、現代の国際社会では、④「戦争犯罪者の処罰の実効化」および⑤「世論やマス・メディアの武力紛争に対する関心が高いこと」が加えられる。前者については、戦争犯罪者の処罰は従来国家の裁量に任されていた部分が大きかったが、国連安全保障理事会の決定や一般条約によって国際裁判所の審判に委ねてその実効性を高めようとする動きが近年特に顕著になっている（戦争犯罪については、第4節「武力紛争法における国家責任と戦争犯罪」を参照）。後者の背景には、武力紛争に係る主体が、国際法という国際的

な規範に従うことで、自らの行為に対する国内的・国際的な支持を得ようとする傾向がある[64]。これは、自由な言論が保障されている民主主義国において特に顕著な特徴であるが、インターネットなど情報通信技術の向上が、この傾向に一層拍車を掛けるといえる。米軍資料『作戦法ハンドブック2005』では、武力紛争法の機能的目的の1つに「国内的・国際的な大衆的支持を維持すること」を挙げており、このことを示す一例である[65]。

第3節　武力紛争法を構成する条約

　武力紛争法を構成する条約のうち、主要なものを挙げてその内容を紹介する。

　　陸戦ノ法規慣例ニ関スル條約（1907年署名、1910年効力発生、以　下「ハーグ陸戦法規」と略）
　　戦時海軍力ヲ以テスル砲撃ニ関スル條約（1907年署名、1910年効力発生、以下「戦時海軍砲撃条約」と略）
　　戦地にある軍隊の傷者及び病者の状態の改善に関する1949年8月　12日のジュネーヴ条約（1949年採択、1950年効力発生、以下　「ジュネーヴ第1条約」と略）
　　海上にある軍隊の傷者、病者及び難船者の状態の改善に関する　　1949年8月12日のジュネーヴ条約（1949年採択、1950年効力発生、　以下「ジュネーヴ第2条約」と略）
　　捕虜の待遇に関する1949年8月12日のジュネーヴ条約（1949年採択、1950年効力発生、以下「ジュネーヴ第三条約」と略）

戦時における文民の保護に関する1949年8月12日のジュネーヴ条約（1949年採択、1950年効力発生、以下「ジュネーヴ第4条約」と略）

武力紛争の際の文化財の保護のための条約（1954年採択、1956年効力発生、以下「文化財保護条約」と略）

過度に障害を与え又は無差別に効果を及ぼすことがあると認められる通常兵器の使用又は制限に関する条約（1980年採択、1983年効力発生、以下「特定通常兵器使用禁止制限条約」と略）

　ここで挙げた条約のうち、ハーグ陸戦法規、ジュネーヴ第1条約から第4条約（以下、第1条約から第4条約まで一括して扱うときは「ジュネーヴ諸条約」と略）は、慣習国際法であることが確認されている[66]。したがって、ハーグ陸戦法規の総加入条項はその意味を失っているといえる。また、ジュネーヴ諸条約共通第2条には、条約の当事国と非当事国の間に武力紛争があるときは、後者が条約を自国に適用すればその両者の間においても前者は条約上の義務に拘束されるとの規定があるが、これもジュネーヴ諸条約が慣習国際法であることから、ハーグ陸戦法規の総加入条項と同じく意味を失っているといえる。

　他に、未発効ではあるが、「空戦に関する規則」（1923年採択、以下「ハーグ空戦規則」と略）もしばしば考慮される。

　ハーグ陸戦法規は、慣習国際法として確立していた陸戦における武力紛争法を、法典化したものである。もっとも、第2部第1章第2節「交戦者資格の歴史」で述べるように、条約の締結に至る過程で各国の意見は対立し、多くの条約と同様に妥協

の産物となっている。ハーグ陸戦法規は、武力紛争法の法典化などを目的とした第1回ハーグ平和会議（1899年）で締結され、第2回ハーグ平和会議（1907年）で改正された[67]。ハーグ陸戦法規は、第1条で「締約国ハ其ノ陸軍軍隊ニ対シ本条約ニ附属スル陸戦ノ法規慣例ニ関スル規則ニ適合スル訓令ヲ発スヘシ」と規定しており、武力紛争法の具体的な内容は、付属する「陸戦ノ法規慣例ニ関スル規則」（以下「陸戦規則」と略）に示されている。なお、本書では、ハーグ陸戦法規および陸戦規則は、特に明記しない限り1907年に改正された条約およびそこに附属するものを指すこととし、改正前の「陸戦ノ法規慣例ニ関スル條約」（1899年署名、1900年効力発生）を指すときは旧ハーグ陸戦法規とする。ハーグ陸戦法規は、条約の名称および条文にあるとおり、制定時においては陸戦を対象としたものであるが、現在ではその適用範囲は必ずしも陸戦に限定されない。

戦時海軍砲撃条約は、旧ハーグ陸戦法規における無防守都市への砲撃の制限を、海軍力による砲撃についても適用することを意図して、第2回ハーグ平和会議で締結された条約である。無防守都市については、第2部第2章第1節「目標区別原則の概要」で扱う。

ジュネーヴ諸条約とは、19世紀後半以降発展してきた戦争犠牲者を保護するための赤十字諸条約を、第2次世界大戦の経験を踏まえて一層強化したものである。戦場における戦争犠牲者、捕虜と、保護の対象を拡大してきており、第2次世界大戦後には、他国の権力内にある文民がこれに加わった。これで、

「戦闘外にある」(hors de combat) 者として保護されるべき者が確定したといえる。また、「二以上の締約国の間に生ずるすべての宣言された戦争又はその他の武力紛争の場合について、当該締約国の一が戦争状態を承認するとしないとを問わず、適用する」(共通第2条) とあるように、戦争状態の承認の有無は問われなくなった。このように、戦争ではなくすべての武力紛争に適用されることが確立したこともあって、武力紛争法という表現が定着することとなった。

第1条約は戦地にある軍隊の傷病者およびそれらの治療に携わる要員など、第2条約は海上にある軍隊の傷病者・難船者およびそれらの治療に携わる要員など (第1条約および第2条約の保護対象を以下「戦地・海上における戦争犠牲者」と略)、第3条約は捕虜、第4条約は文民およびその民用物の保護を規定したものである[68]。なお、第4条約でいう文民とは、紛争当事国又は占領国の権力内にある者でその紛争当事国又は占領国の国民でない者である。つまり、航空攻撃を行うときにその目標の近辺にいる文民等、敵対する紛争当事国の権力内にある文民は、第4条約の保護の対象ではない。もっとも、このような文民は、目標区別原則によって保護されうる (第2部第2章「目標区別原則とイスラエル・パレスチナ紛争」を参照)。

なお、武力紛争法は、大別すると、害敵手段・方法の規制と戦争犠牲者の保護に分けられるが、前者についてはハーグ陸戦法規、後者についてはジュネーヴ諸条約が主に規定していることから、それぞれ、ハーグ法、ジュネーヴ法と呼ぶことがある。

文化財保護条約とは、武力紛争において文化財が重大な損害を被ってきたことを受けて、文化財への敵対行為やそれを復仇の対象とすることを禁止するものであり、2つの附属議定書がある。第1議定書（1954年採択、1956年効力発生）は、占領下にある地域からの文化財の輸出入の禁止など、第2議定書（1999年採択、2004年効力発生）は、文化財を攻撃の対象とした者に刑事責任を科すことなどを規定している。

第3章第1節「武力紛争法の基本原則」で述べたように、武力紛争法の基本原則の1つに、「不必要の苦痛の禁止」がある。これは、400g以下の発射物で、炸裂性のものまたは爆発性・燃焼性の物質を充填したものを戦時には使用しないことを定めたサンクト・ペテルブルク宣言（1868年署名・効力発生）に始まり、ハーグ陸戦法規で、「不必要ノ苦痛ヲ与フヘキ兵器、投射物其ノ他ノ物質ヲ使用スルコト」が禁止された（陸戦規則第23条）ことで、武力紛争法の基本原則として確立した。ただし、このような基本原則が確立しただけでは、これに合致する個々の兵器の使用の制限を十分に保障するものとはならない。そこで、兵器を特定していくつかの条約が制定されたが、そのうち通常兵器に係るものが、特定通常兵器使用禁止制限条約である。この条約は、「武力紛争においてその性質上過度の傷害又は無用の苦痛を与える兵器、投射物及び物質並びに戦闘の方法を用いることは禁止されているという原則に立脚」したものと前文で明示している[69]。本文で適用範囲など条約としての基本要件を規定し、使用を禁止・制限する個々の兵器につい

ては附属議定書で定めている。条約制定時に3つの附属議定書が採択され、後にこのうちの第2附属議定書が改正されるとともに、2つの附属議定書がさらに採択された。なお、大量破壊兵器の使用を禁止・制限する主な条約としては、戦時の生物化学兵器の使用を禁止したジュネーヴ議定書（1925年署名、1928年効力発生）、生物兵器の開発等を禁止した生物兵器禁止条約（1972年採択、1975年効力発生）、化学兵器の開発等を禁止した化学兵器禁止条約（1992年採択、1997年効力発生）がある。

武力紛争法を構成する条約としては、他にジュネーヴ諸条約の追加議定書として次の2つがある。

> 1949年8月12日のジュネーヴ諸条約の国際的な武力紛争の犠牲者の保護に関する追加議定書（1977年採択、1978年効力発生、以下「ジュネーヴ第1追加議定書」と略）
> 1949年8月12日のジュネーヴ諸条約の非国際的な武力紛争の犠牲者の保護に関する追加議定書（1977年採択、1978年効力発生）

この2つの追加議定書は、多くの国を当事国としているが、現代の武力紛争において大きな位置を占めている米国や、本書の対象であるイスラエルは、当事国となっていない。米国は、ジュネーヴ第1追加議定書の当事国とならないことを表明しているが、その個々の内容について、米国が履行するか否かを、具体的に条文を挙げて明らかにしている[70]。履行する理由としては、慣習国際法として拘束力を持つものであるか、慣習国際

50　第1部　国際法、戦争法、武力紛争法、イスラエル・パレスチナ紛争

法ではないが受け入れるものであるとしている。本書ではこの点について、必要な範囲で扱うこととする。

第4節　武力紛争法における国家責任と戦争犯罪

　武力紛争法は国際法であるが、その権利義務を担うのは、国家だけではなくその構成員も同様である。これが諸国に認識されていることの一例として、米国防総省指令5100・77号の記述の一部を次に挙げる。ここでは、武力紛争法を戦争法の別称とした上で、その定義をしている[71]。

　　戦争法とは、武力による敵対行為を規制する国際法の一部である。しばしば、武力紛争法とも呼ばれる。戦争法は、米国又はその個々の市民を義務付ける、敵対行為に係るすべての国際法を包含するものであり、そこには、米国が当事国となっている条約・国際協定及び適用される慣習国際法が含まれる。

　ハーグ陸戦法規では、違反行為の責任について、その第3条で次のように規定している。「前記規則」とは陸戦規則のことである。

　　前記規則ノ条項ニ違反シタル交戦当事者ハ損害アルトキハ之カ賠償ノ責ヲ負フヘキモノトス交戦当事者ハ其ノ軍隊ヲ組成スル人員ノ一切ノ行為ニ付責任ヲ負フ

陸戦規則に違反する行為が損害をもたらしたときは、個人でなされようと集団でなされようと、その個人なり集団が属する紛争当事者に損害賠償の責任が課されることと、紛争当事者はその構成員の行為について責任を負うことが、ここに示されている。なお、ここでいう「賠償」とは、金銭的な補償である。ハーグ陸戦法規のこの規定は、国際違法行為を行った国が、原状復帰、損害賠償などの国家責任を負うとする国際法の原則と合致するものである。

武力紛争法に違反する行為については、ハーグ陸戦法規で規定された国家責任のほかに、戦争犯罪としてその行為を行った者を処罰するなど個人に責任を求めることもある。戦争犯罪は、ジュネーヴ諸条約で規定される「重大な違反行為」とそれ以外の違法行為に係るものに大別される。前者については後述するので、ここではまず「重大な違反行為」以外の違法行為を扱う。

「重大な違反行為」以外の武力紛争法の違法行為とは、ジュネーヴ諸条約が制定される前に既に確立していたものであり、Ⅰ 戦闘員による武力紛争法違反、Ⅱ 文民による敵対行為、Ⅲ 間諜（spies）、Ⅳ 戦時叛逆がある[72]。

Ⅱは、交戦者資格を有さない者による敵対行為である。間諜とは、「交戦者ノ作戦地帯内ニ於テ対手交戦者ニ通報スルノ意思ヲ以テ隠密ニ又ハ虚偽ノ口実ノ下ニ行動シテ情報ヲ蒐集シ又ハ蒐集セムトスル者」であるが、交戦者資格を有する者が変装せずにこれにあたる場合は、間諜とはされない（陸戦規則第29条）。Ⅳは、Ⅱと同様に交戦者資格を有しない者による敵対

行為であるが、占領地の一般住民による武力抵抗を戦時叛逆という。

Ⅰは次に掲げるが、慣習国際法によるものとハーグ陸戦法規によるものに分けられる[73]。後者については、陸戦規則第23条（⑧—⑯）、第28条（⑰）、第47条（⑱）、第30条（⑲）、第41条（⑳）で禁止される行為が戦争犯罪となる。なお、⑧から⑯までは、第23条の禁止事項がそのまま列挙されているので、陸戦規則の公定訳を採用した。

（慣習国際法によるもの）
① 死体の損壊ほか不当な取り扱い
② 略奪 (looting)
③ 特権を有する建造物を不当な目的で使用すること
④ 特権を有する又は保護される建造物への攻撃
⑤ 正当に表示される病院船又は医療用航空機への攻撃
⑥ 難船者への銃撃
⑦ 細菌を用いる戦闘方法をとること

（陸戦規則によるもの）
⑧ 毒又ハ毒ヲ施シタル兵器ヲ使用スルコト
⑨ 敵国又ハ敵軍ニ属スル者ヲ背信ノ行為ヲ以テ殺傷スルコト
⑩ 兵器ヲ捨テ又ハ自衛ノ手段尽キテ降ヲ乞ヘル敵ヲ殺傷スルコト
⑪ 助命セサルコトヲ宣言スルコト
⑫ 不必要ノ苦痛ヲ与フヘキ兵器、投射物其ノ他ノ物質ヲ使用スルコト
⑬ 軍使旗、国旗其ノ他ノ軍用ノ標章、敵ノ制服又ハ「ジェネヴァ」条約ノ特殊徽章ヲ擅ニ使用スルコト

⑭　戦争ノ必要上已ムヲ得サル場合ヲ除クノ外敵ノ財産ヲ破壊シ又ハ押収スルコト

⑮　対手当事国国民ノ権利及訴権ノ消滅、停止又ハ裁判上不受理ヲ宣言スルコト

⑯　対手当事国ノ国民ヲ強制シテ其ノ本国ニ対スル作戦動作ニ加ラシムルコト（戦争開始前其ノ役務ニ服シタル場合ト雖亦同シ）

⑰　都市その他の地域の略奪（pillage）（突撃による攻取の場合を含む）

⑱　占領下の略奪（pillage）

⑲　現に行動しているときに捕らえられた間諜を裁判なしで罰すること

⑳　個人が自らの発意で休戦規約に違反すること

　また、ジュネーヴ諸条約の制定以前は、戦争犯罪の処理は、戦時中でかつ自らの権力内にある者に限られていた[74]。

　戦争犯罪は、ジュネーヴ諸条約の成立によって、新たな段階に入った。ジュネーヴ諸条約では、条約の規定に反する行為の扱いについて、「重大な違反行為」（grave breaches）とそれ以外の違反行為を分けている（第1条約第49条、第2条約第50条、第3条約第129条、第4条約第146条）。当事国は、「重大な違反行為」を行った者またはそれを命じた者に有効な刑罰を科すための立法を行うことを約束し、加えて、その捜索および公訴（公訴については、その国籍のいかんを問わず）の義務を負う。このように、国際違法行為を行った者または当該行為の被害を受けた者の国籍にかかわらず、公訴できるように設定さ

れる権利を普遍的管轄権という。ジュネーヴ諸条約では、「重大な違反行為」以外の違反行為については、その防止に必要な措置をとらなければならないと規定するにとどまっている。これは、「重大な違反行為」がもっぱらジュネーヴ諸条約の保護の対象への加害行為であり、ジュネーヴ諸条約の主要な目的がこれらの保護にあることによる。なお、ジュネーヴ諸条約の違反行為については、その被告はすべての場合において裁判に付される際は弁護人の選任、不服申立の権利などが認められる（第1条約第49条、第2条約第50条、第3条約第129条、第4条約第146条）。他方、ハーグ陸戦法規および慣習国際法の違反行為については、「重大な違反行為」以外のときは、従前どおり刑罰を科されることになる。

「重大な違反行為」とは、ジュネーヴ諸条約で保護する者または物（戦地・海上における戦争犠牲者、捕虜、文民等）に対する、次の行為である（第1条約第50条、第2条約第51条、第3条約第130条、第4条約第147条）。

① 殺人
② 拷問
③ 非人道的待遇（生物学的実験を含む）
④ 身体・健康に対して故意に重い苦痛を与えること又は重大な傷害を加えること
⑤ 軍事的必要性によって正当化されない不法かつ恣意的な財産の広範な破壊・徴発（第3条約以外）
⑥ 強制して敵国の軍隊で服務させること又は条約に定める公正

な正式の裁判を受ける権利を奪うこと（第3条約、第4条約）
⑦　不法な追放・移送・拘禁（第4条約）
⑧　人質にすること（第4条約）

　ジュネーヴ諸条約の刑罰に係る規定は、これまで挙げてきたものの他に、特に条約の対象を保護するという観点からのものがある。それは、第3・第4条約が保護する捕虜および文民について、ジュネーヴ諸条約に違反する行為のみならず、それらの者を権力内に置く国の法律、規則または命令に違反する行為があったときの規定である（第3条約第82条―第108条、第4条約第64条―第78条、第117条―第126条）。両条約でいう権力内に置く国とは、第3条約では抑留国（Detaining Power）、第4条約では保護対象である文民との関係では占領国（Occupying Power）、文民が抑留されたときは被抑留者との関係では抑留国として整理される。

　ここでは、捕虜・文民（被抑留者を含む）に科される刑罰の規定について、特徴的な内容を3つ挙げる。第1には、これらの者が、ジュネーヴ諸条約の違反行為を含めて武力紛争法の違法行為を行って裁判に付されるときは弁護人の選任、不服申立の権利などが認められる（第3条約第105条および第106条、第4条約第72条および第73条）。第2には、捕虜と、文民の被抑留者については、抑留国の構成員（文民の被抑留者のときは「被抑留者でない者」）が行って処罰されない行為について処罰されるとき、科されるのは懲戒罰だけである（第3条約第

82条第2項、第4条約第117条第2項)。懲戒罰は、1日につき2時間以内の労役など特定されている(第3条約第89条、第4条約第119条)。第3には、捕虜の審判および刑罰の執行などについては、捕虜が犯したと主張されている行為と同一の行為を抑留国の構成員が犯したときと同様の措置にするよう規定されている(第3条約第84条第1項、第87条第1項、第102条および第108条第1項)。戦争犯罪の審判は、一般的には敵対する紛争当事者に属する戦闘員・文民には不当に厳しいものになる傾向があるが、ジュネーヴ諸条約の枠組みの下で実施されることで、公正なものとなることが期待されるのである。

また、戦争犯罪については、ジュネーヴ諸条約では未規定ではあるものの、確立したとされる点や議論がある点がある。前者については、戦争犯罪を行った者の上司は、当該行為を命じた場合に加えて、それを知りつつも防ごうとしなかった場合にも責任を負うことが挙げられる[75]。また、後者としては、過失によって戦争犯罪を構成する行為があったときは、それを犯罪とするかどうかというものがある[76]。

第2次世界大戦後、「平和に対する罪」(crimes against peace)、「人道に対する罪」(crimes against humanity)、「集団殺害罪」(crime of genocide)が、新たに戦争に係る犯罪として定式化された。「平和に対する罪」は開戦法規違反、「人道に対する罪」は一般人民の殺害など、集団殺害罪は民族・人種上の集団の構成員の殺害などである。ニュールンベルク裁判で、初めて公訴・判決に至ったが、そのような概念は第1次世界大

戦後に既に確立していた。なお、「人道に対する罪」と集団殺害罪は、ニュールンベルク裁判においては一括して「人道に対する罪」とされていたが、後に分けて整理され、また戦時のみならず平時にも適用される国際法上の犯罪として確立した。

なお、戦争犯罪という概念は、狭い意味ではジュネーヴ諸条約の「重大な違反行為」など、武力紛争法に違反する行為のうち犯罪として個人の責任を問うものを指すが、広い意味ではこれに「平和に対する罪」、「人道に対する罪」および集団殺害罪が加わる。本書では、特に断らない限り狭い意味で用いる。

第5節　戦時復仇

戦時復仇（war reprisal／belligerent reprisal）とは、武力紛争において、武力紛争法に違反する一方の行為について、違法行為を行った側に将来のさらなる違反を行うことを思いとどまらせるために、違法行為を受けた側が行う武力紛争法に違反する行為である[77]。これは、違法行為を行った側の国家責任を解除するために、違法行為を受けた側が同様の違法行為をするということではなく、また、一方の違反をもって、他方がその義務から解放されるというものでもない。

戦時復仇の要件は、次の6つの条件である[78]。

① 「武力紛争法に違反する行為が存在すること」

② 「復仇に先んじて武力紛争法に違反する行為の中止または救済を求めていること」
③ 「武力紛争法に違反する行為と復仇としてとられる措置が均衡していること」
④ 「復仇の前に警告を発していること」
⑤ 「復仇は個々の戦闘員ではなく高位の権限者によって決定されること」
⑥ 「武力紛争法に違反する行為を行った相手国が当該行為を中止したときには復仇を中止すること」

条件⑤を除くと、第1章第2節「国際法における相互主義」で述べた復仇の要件とほぼ同じである。条件⑤は、武力紛争において特に注意すべきことであり、個々の戦闘員や部隊単位で戦時復仇を決定することを禁止するものである。また、条件⑥は、戦時復仇が、報復を目的とするものでも、一方の違反を理由として他方の義務を解除するものでもないことを明らかにしている。つまり、武力紛争法に違反する行為を受けた国は、その相手国に対する武力紛争法に違反する行為を、均衡性の範囲において無条件に行いうるわけではないのである。

ところで、戦時復仇の要件である均衡性は、復仇としてとられる措置が、先行する武力紛争法に違反する行為と違反の程度において正確に等しいことまで要求しておらず[79]、また同種である必要はない[80]。

なお、先に、平時の国際違法行為に対する武力の行使による

復仇を、武力復仇として紹介した（第2章第2節「開戦法規の概要」を参照）。武力復仇と戦時復仇は、ともに相互主義に基づくものではあるが、前者は開戦法規、後者は戦時法規に係るものであり、異なる。

戦時復仇という国際法上の措置を講じうることが、各国において認識されていることは、軍資料で確認できる。

米軍資料『作戦法ハンドブック2005』では、戦時復仇を次のように定義している[81]。

> 復仇とは、戦争法[＝武力紛争法]の将来の遵守を強いることを唯一の目的として、戦争法に違反して他の紛争当事者がなした戦闘行為のために、敵人員又は財産に対して紛争当事者がとる行為であり、これらの要件を満たしていなければ、違法となる行為である。個々の米国の兵・部隊は復仇を行う権限を持たない。その権限は国家レベルにある。

また、カナダ国防軍資料は、戦時復仇について、上記の米軍と同様の規定をした上で次のように記述している[82]。

> 復仇は、先行する武力紛争法に違反する行為と均衡し、かつ当該違法行為を行った者がその行為を中止すればただちに終結されなければならない。[要件である]均衡性は厳格なものではない。復仇が効果的なものとなるのなら、先行する違法行為よりしばしば大きくなっても良い。それにもかかわらず、先行する違法行為と復仇措置は合理的な関係でなければならない。

また、過去に遡れば、第1次世界大戦において、英独の間で、相手国がその権力内にある自国兵を捕虜として遇さなかった際に、自国の権力内にある敵兵にも同様の措置を講じたまたは講じるとの警告を発した例がある[83]。

　もっとも、現在、武力紛争法における戦時復仇は、その措置としてとりうる違法行為は無制限ではない。ジュネーヴ諸条約において、戦地・海上における戦争犠牲者、捕虜および第4条約が保護する文民に対する復仇は禁止されている（第1条約第46条、第2条約第47条、第3条約第13条、第4条約第33条）[84]。ジュネーヴ諸条約の保護対象であるこれらの者に対する、敵対行為を含む武力紛争法に違反する行為は、ジュネーヴ諸条約が総加入条項を採用していないことから、これらの者に対する武力紛争法違反があったとしても、戦時復仇として同様の措置を執ることはできない。つまり、戦時復仇の手段となりうるものは、戦地・海上における戦争犠牲者および捕虜ではない戦闘員と、第4条約が保護する文民以外の文民に対する国際違法行為である。

　ところで、ジュネーヴ第1追加議定書には、「復仇の手段として文民たる住民又は個々の文民を攻撃することは、禁止する」という規定がある（第51条第6項）。米国は、ジュネーヴ第1追加議定書の個々の条項について履行の有無を明らかにしていることを先に紹介したが、この条項は履行しないと表明している[85]。これは、米国が、第4条約が保護する文民以外の文民・民用物に対する攻撃を戦時復仇の手段とすることを、法的に留

保していることを意味する[86]。確かに戦時復仇の手段として禁止されるべき範囲については議論があるが、人権・自然環境・歴史的建造物などに悪影響を与える行為は当然そこに入ると思われる[87]。

　文民・民用物に対する攻撃を戦時復仇の手段としうるかという問題提起については、2つの観点から否定する見解を導き出すことができる。第1の観点は、保護すべきものへの攻撃という国際違法行為があるとき、その対抗手段として同様の措置を講じることは、さらなる違法行為を招く可能性が一層高いことである。一般に、戦時においては、相手が受ける被害より自らが受ける被害の方を大きく評価する傾向がある[88]。軍事目標ではない文民・民用物に被害があれば、「無辜の民」に対する違法な敵対行為として受け取られ、負の連鎖につながりかねない。

　第2の観点は、武力紛争法の履行を保障する枠組みが、復仇などの相互主義から戦争犯罪の処理体制の強化にその中心を移していることである。保護対象に対する国際違法行為を戦時復仇の手段とすることを禁止し、「重大な違反行為」には普遍的管轄権を認めているジュネーヴ諸条約はその典型的な例である。他方、現代の武力紛争では、相対的に陸戦の位置付けが低下し航空戦力の役割が大きくなっているが、航空戦力は彼我の優劣が比較的短期間で決し、その結果優位に立った側が地上に対する航空攻撃を容易に行えるようになる。このような状況では相互主義は十分に機能せず、その1つである戦時復仇が武力紛争法の履行の保障においてその役割を果たしにくくなるとい

える（第2節「武力紛争法の歴史」を参照）。

第6節　武力紛争法からの逸脱

　戦時復仇による措置としてではなく、武力紛争法の逸脱が認められる場合があるとする主張は古くからある。有名なのは、戦数（Kriegsräson）やマイケル・ウォルツァー（Michael Walzer）の論である。

　戦数とは、戦争目的の達成または重大な危険からの回避のための特別の例外的事態においては、武力紛争法からの逸脱を許すという理論であり、第1次世界大戦以前のドイツ国際法学において通説であったものである[89]。戦数は、第2次世界大戦後の戦争犯罪裁判において否定された[90]。他方、ウォルツァーは、第2次世界大戦におけるドイツの都市に対する英国の爆撃を例にとり、究極的な緊急事態には武力紛争法は適用されないと主張する[91]。ドイツが勝利するという恐れは、「無辜の人民の権利を無視し、戦争法を無効にする」究極的な緊急事態であったという。

　また、同じような問題設定を提示したものに、国際司法裁判所による「核使用の合法性に関する勧告的意見」がある。そこでは、「核兵器の威嚇又は使用は、武力紛争に適用される国際法の諸規則、そして特に、人道法の原則及び規則に、一般に違反するであろう」が、裁判所は「国家の存続そのものが危険に

さらされているような自衛の究極的な状況において、核兵器の威嚇又は使用が合法であるか違法かを明確に結論づけることはできない。」(第105節E) とする[92]。

　武力紛争法からの逸脱は、「究極的な状況」など客観的に判断しえない要件による限り、許すべきではない。なぜなら、違法行為を受ける側が、その行為の違法性阻却を受け入れなければ——現実にはそのような事態は考えにくいが——、同様に逸脱に踏み切り、その結果武力紛争法の秩序は崩壊することになるからである。武力紛争法の逸脱については、その国際法上の妥当性が司法的（例えば、国際司法裁判所）または政治的（例えば、国連安全保障理事会）手続きによって判断されることが保障されなければ、実効性を持って法秩序に組み込まれることはない。

第4章　国際法とイスラエル・パレスチナ紛争

第1節　イスラエル・パレスチナ紛争の背景と歴史

　イスラエル・パレスチナ紛争の起源はさらに遡ることができるが、大きな分岐点となったのは、1947年11月29日に国連総会が採択した決議181（Ⅱ）である[93]。この決議は、パレスチナの委任統治国（Mandatory Power）である英国がパレスチナ問題を国連に委ねたことを受けて、国連総会が、パレスチナをユダヤ人国家、アラブ人国家および国連が統治するエルサレムに分割すると決定したものである。パレスチナは、長い間オスマン・トルコの領土であったが、第1次世界大戦におけるオスマン・トルコの敗戦処理を定めた1920年4月のサン・レモ会議において、英国の委任統治領となることが決まった。英国は、1920年7月にはパレスチナの統治を軍政から民政に移行し[94]、国際連盟理事会は、1922年7月に、国際連盟規約第22条に基づき委任統治国である英国の権限などを定めている。

　国連総会決議181（Ⅱ）に基づき、英国の委任統治が終了する1948年5月14日に、ユダヤ人勢力はイスラエルの独立宣言

を行い、分割決議を受け入れなかったエジプト、ヨルダン、シリア、レバノンおよびイラクのアラブ諸国は、パレスチナにおけるユダヤ人勢力とパレスチナ人勢力の武力紛争が前者に有利に進んだこともあってパレスチナに軍を進めた[95]。このように始まった第1次中東戦争は、イスラエルに有利に展開し、翌年休戦協定が関係国の間で締結されて終了する。第1次中東戦争の休戦ラインはグリーン・ラインと呼ばれるが、イスラエルのグリーン・ライン内の領域は、西エルサレムを含めて国連総会の分割決議で割り当てられた領域より広いものとなった。他方、残りのヨルダン川西岸（West Bank）および東エルサレムはヨルダン、ガザ（Gaza Strip）はエジプトの支配下となった。なお、本書では、特に断らない限り、ヨルダン川西岸というときは東エルサレムを含むものとする。

　ヨルダンは、ヨルダン川西岸および東エルサレムを併合することとし、ヨルダン川の両岸から選出された議会は、両岸が統合されることを1950年4月24日に宣言した。ガザではエジプトの軍政が敷かれた。第1次中東戦争の前にグリーン・ラインのイスラエル側に住んでいたパレスチナ人は、イスラエルにそのまま残った者もいたが、多数は難民としてヨルダン川西岸・ガザおよびアラブ諸国に移った。

　イスラエル・パレスチナ紛争は、第1次中東戦争の開始以降、イスラエルとアラブ諸国という国家が主要なプレイヤーとなり、パレスチナ人は専ら影響を受ける側になった。もっとも、第1次中東戦争後、エジプト支配下のガザからは、フェダイー

ン（fedayeen）[96]と呼ばれるパレスチナ人の集団が、グリーン・ラインのイスラエル側に侵入し敵対行為を行った[97]。スエズ運河の国有化を巡るエジプトと英仏の対立を背景として、イスラエルが後者の側に付いたのが第2次中東戦争（1956年）であるが、イスラエルが関与した理由の1つに、ガザを拠点とするそのような脅威の排除があった。第2次中東戦争は、イスラエルのガザおよびシナイ半島への侵攻に始まり、英仏がイスラエルに与してエジプトを攻撃したが、米ソの撤退要求を受けて3国は撤退することとなった。その際、国連総会決議に基づき派遣された国連緊急軍（United Nations Emergency Force: ＵＮＥＦⅠ）[98]は、3国の軍の撤退を監視し、その撤退後はイスラエル軍とエジプト軍の緩衝材としての役割を果たした。

他方、1950年代から60年代にかけて、パレスチナ民族主義が高まりを見せるようになった。ヤーセル・アラファト（Yasser Arafat）らが結成したファタハ（Fatah）は、後にパレスチナ民族解放運動の中核的存在となる政治組織である。その名称は、パレスチナ民族解放運動を意味するアラビア語の頭文字を逆から読んだものである[99]。また、1964年5月には、パレスチナ解放機構（Palestine Liberation Organization：ＰＬＯ）が発足している。パレスチナ人の組織や運動は、第1次中東戦争後しばらくはアラブ諸国の庇護を受けつつも統制されていたが、パレスチナ民族主義の高まりによって、パレスチナ人の組織の自立性は強まりその影響力を拡大してきた。

1966年には、シリアの支援を受けまたヨルダンの統制を受

けることなく、パレスチナ人の武装組織がイスラエルへの越境攻撃を行うようになり、これに対してイスラエルがグリーン・ラインの外側にある「テロの拠点」に対する攻撃を行うという構図ができ上がった。この構図は、イスラエルとその隣接するアラブ諸国の軍事対立を煽るものであり、イスラエル・シリア間の国境での対立が激化すると、エジプトがＵＮＥＦＩの撤退を要請しチラン海峡からイスラエル船舶を封鎖すると宣言するに至り、緊張は一挙に高まった。チラン海峡とは、イスラエルが面するアカバ湾と紅海をつなぐ要所であり、ここが封鎖されるとインド洋方面との通航ができなくなる。このような状況で、イスラエルはエジプトおよびシリアへの奇襲攻撃を行い、ヨルダンがこれに参戦することで、第3次中東戦争が始まった（1967年6月5日）。この戦争は6日間でイスラエルの圧勝に終わり、イスラエルは、ヨルダン川西岸、ガザおよび東エルサレムに加えて、エジプト領シナイ半島とシリア領ゴラン高原を占領するに至った。

　第3次中東戦争の終結後、国連安全保障理事会において決議242が採択された（1967年11月22日）。この決議の第1項で、次の2つの原則が確認された。

① 最近の紛争において占領された地域からのイスラエル軍の撤退
② すべての交戦による要求及び交戦状態を終結すること並びに［中東］地域におけるすべての国家が持つ主権、領土

保全、政治的独立及び武力による威嚇又は武力の行使を受けることなく安全かつ承認された境界線内において平和に生存する権利を尊重し承認すること

　国連安保理決議242で掲げられたこれらの2つの原則は、後述する国連安保理決議338においてもその履行が要請されており、中東和平において必ず言及されるようになるものである。また、「土地と平和の交換」（land for peace）と一言で表現されることもある。もっとも、①の「地域」（territories）には、"the"または"all"を付すなどして「すべての占領地」と解しうる表現になっていないので、占領地の一部からでも撤退すれば決議を履行したことになるという主張があるなど[100]、決議の解釈については関係者間で必ずしも一致していない。両決議は、「武力紛争法とイスラエル・パレスチナ紛争」という本書のテーマと重なる範囲について、次節以降で扱う。

　イスラエル・パレスチナ紛争に対するパレスチナ人の影響力はますます高まった。第3次中東戦争でイスラエルの実効支配領域が拡大したが、新たな休戦ラインを越えての敵対行為はアラブ側によって引き続き行われた。1968年から、ＰＬＯ、ヨルダン軍およびヨルダン駐留イラク軍によって、第3次中東戦争で引かれた新たな休戦ラインを越えての敵対行為が行われるようになったが、中でもＰＬＯが中心的役割を担った[101]。ＰＬＯは、「黒い9月」事件（1970-71年）でヨルダンから追放されると、レバノンに拠点を移した[102]。他方、イスラエル国営の

エル・アル航空の航空機が1968年にハイジャックされたことをはじめに、イスラエル国外のイスラエル人を対象とする「テロ」が起きるようになる[103]。これらの行為に対するイスラエルの対抗措置は、「テロの拠点」に対する攻撃である[104]。

第4次中東戦争は、アラブ側によって始められた。エジプトとシリアは、1973年10月6日にイスラエルに攻撃を開始し、緒戦を優勢に進めた。しかしながら、イスラエルが反撃に転じると、両国とも第3次中東戦争の休戦ラインを越えて深く攻め込まれるに至り、停戦を求める国連安保理決議338が10月22日に採択されて休戦となった。紛争当事国の実効支配領域は変わることがなかったが、当初イスラエルに軍事的に優位に立てたアラブ側は、その威信は回復されたと受け止めた。第4次中東戦争の結果、エジプトは和平の道を選び、イスラエルとの平和条約を1979年3月26日に締結し、シナイ半島は返還された。

ＰＬＯは、1982年にレバノンからの撤退を強いられるなどイスラエルから物理的に遠ざけられてきたが、反対にヨルダン川西岸・ガザに在住するパレスチナ人がイスラエル・パレスチナ紛争の表舞台に出てくるようになった。その契機となったのは、1987年12月に始まった第1次インティファーダ（1987—1993年）である。これは、イスラエル軍車両との交通事故で4人のパレスチナ人が死亡したことを契機とする、大衆による継続的な抵抗運動である。具体的には、ストライキ、商店の操業停止およびイスラエル軍に対する暴力を伴うデモである[105]。暴力といっても、その手段は投石であり、しばしば火炎瓶やナイ

フが用いられたものの、銃や爆弾等の兵器は使用されなかった。なお、インティファーダとは、蜂起を意味するアラビア語の言葉であるという。

　第1次インティファーダが起きたことは、ヨルダン川西岸・ガザの状況を国際社会に注目させるとともに、これらの地域の内側と外側においてイスラエル・パレスチナ紛争に大きな影響をもたらす変化を起こした。外側に起きた変化とは、イスラエル・パレスチナ紛争におけるヨルダンの役割の低下とパレスチナの独立の動きである。ヨルダンは、ＰＬＯやアラブ世界の意向に沿う行為として、ヨルダン川西岸との法的・行政的関係を絶つことを表明した（1988年7月31日）。これを受けて、ＰＬＯの最高意思決定機関であるパレスチナ民族評議会（Palestine National Council：ＰＮＣ）は、1988年11月15日にパレスチナの独立を宣言し、これは国連総会決議43／177（同年12月15日）第1項によって承認された。これらの措置の国際法上の効果については、第6節「イスラエル・パレスチナ紛争への武力紛争法の適用」で述べる。

　第1次インティファーダを契機とするヨルダン川西岸・ガザの内側の変化とは、ハマース（Hamas）の設立である。ハマースは、その綱領であるハマース憲章第11条において、パレスチナの地は、イスラームの財産であり、その全部または一部は、いかなる者も放棄する権利を持たないと規定している。これは、イスラエルの存在の否定を示唆する憲章の冒頭の文章と併せて解すると、英国の委任統治領であった全パレスチナをイスラエ

ルから解放することをハマースは目標にしているといえる。なお、ハマースとは、アラビア語表記された「イスラーム抵抗運動」の頭字語である。

　他方、イスラエルでは、ヨルダン川西岸を自国の領土にすべきまたはユダヤ人にはヨルダン川西岸に居住する権利があるとする主張が、一定の支持を得ている。この主張は、「イスラエルの地」(Eretz Israel)であるヨルダン川西岸は、神がユダヤ人に約束したものであるという信仰に基づくもので、この領域にユダヤ人が住むことは歴史的な使命であり疑いようのない権利であるとするものである[106]。

　宗教に基づくまたは近代国際法が成立する以前の歴史を根拠とする、これらの領域主権に係る主張は、その信条などを共有しない者に対して説得力を持たない上に、国際法上もまったく意味がない。

第2節　オスロ合意とパレスチナ自治政府の成立

　オスロ合意とは、イスラエルとPLOが締結した「暫定自治取り決めに関する諸原則の宣言」（1993年9月13日、以下「原則宣言」と略）の通称である[107]。なお、イツハク・ラビン(Yitzhak Rabin)イスラエル首相とアラファトPLO議長（いずれも当時）の間で、両者が相互承認するという書簡が先立って交換されたが、これらの書簡は「原則宣言」を相互補完するものであ

り、オスロ合意というときはしばしばこれらも含まれる。「原則宣言」は、ヨルダン川西岸・ガザのパレスチナ住民のためにパレスチナ暫定自治政府(Palestinian Interim Self-Government Authority)を設立することで、国連安保理決議242と338に基づく両者の紛争の最終的解決に導くとする（第1条）[108]。暫定自治政府には5年間という移行期間が付与されており、移行期間開始後3年目が始まるときより遅くならない時期に最終的地位に関する交渉を始めることになっている（第5条）。最終的地位に関する交渉の対象は、エルサレム、難民、入植地、安全保障取り決め、国境、他の近隣諸国との関係・協力およびその他の共通の関心事項である。移行期間は、ガザとエリコ（ヨルダン川西岸）からのイスラエルの撤退をもって始まる。このガザとエリコからの撤退は、カイロで調印された「ガザ及びエリコ地区に関する合意」（1994年5月4日、以下「カイロ合意」と略）に基づき実施された[109]。

ところで、オスロ合意の相互承認のパレスチナ側の主体はパレスチナ人民を代表するＰＬＯであるが、パレスチナ自治政府はヨルダン川西岸・ガザ及びエルサレムのパレスチナ住民の代表である[110]。また、パレスチナ人の代表としての前者の性格は国際社会の認めるところであるが、パレスチナ自治政府と異なり公平・中立な民主的手続きによって選出された組織ではない。この両組織の性格の相違は、パレスチナ立法評議会(Palestinian Legislative Council：ＰＬＣ)[111]選挙におけるハマースの勝利によって問題として表出している。

なお、入植地とは、イスラエルが第3次中東戦争に占領したヨルダン川西岸・ガザに建設してきた、ユダヤ人が居住する拠点である。ヨルダン川西岸などにおける入植地の数・人口およびアラブ人人口は、2002年での段階のものであるが、表1のとおりである[112]。なお、イスラエルはガザから撤退しており、その点については現状とは異なる。

表1　イスラエルの入植地

	入植地数	入植地の人口	アラブ人人口
ヨルダン川西岸	140	201,000	2,237,000
ガザ	21	7,500	1,275,000
東エルサレム	9	170,000	200,000
ゴラン高原	30	20,000	20,000

オスロIIとは、「西岸及びガザにおけるイスラエル・パレスチナ間の暫定合意」（1995年9月28日）の通称で、オスロ合意にあるパレスチナの暫定自治の範囲を拡大するものである[113]。ここでは、ヨルダン川西岸を、地域A、地域B、地域Cに分けて、イスラエルは地域Aと地域Bから撤退するとした。パレスチナ評議会の領域管轄権は入植地・イスラエル軍事施設を除くガザに及び、地域Cを除くヨルダン川西岸は徐々にパレスチナの管轄に移管されるとした（第17条）。地域Aについては、パレスチナ評議会が治安と公共秩序について責任を負う（第13条第1項）。地域Bについては、パレスチナ評議会が公共秩序の責任を負うものの、イスラエル国民の保護などを目的とする

安全保障の責任はイスラエルにあり、これはパレスチナの責任に優先する（第13条第2項）。オスロⅡでは、後述するようにパレスチナ自治政府の構成も規定している。

その後、両者の間では、ヘブロン合意（1997年1月17日）、ワイ・リバー合意（1998年10月23日）およびシャルム・エル・シェイク合意（1999年9月4日）が調印された[114]。ヘブロン合意は、ヘブロン（ヨルダン川西岸）からのイスラエルの撤退に係る合意である。ワイ・リバー合意はオスロⅡおよびヘブロン合意の実施方法に加えて最終的地位に関する交渉の再開を定めたもので、シャルム・エル・シェイク合意はそれまでの合意事項の履行を確認したものである。

オスロ合意および一連のイスラエル・パレスチナ間の合意によって、パレスチナ自治政府が発足した。パレスチナ自治政府は、「原則宣言」などによる名称はパレスチナ暫定自治政府であるが、パレスチナ国家当局（Palestinian National Authority）またはパレスチナ当局（Palestinian Authority）ともいう。パレスチナ自治政府の立法・行政を担うのはパレスチナ評議会であるが、パレスチナ評議会が設置する執行当局（Executive Authority）がパレスチナ評議会に代わって行政権を行使する（オスロⅡ第3条第2項、第5条第1・2項）。執行当局の「職権による構成員」（ex officio member）となる大統領（Ra'ees）[115]は、執行当局の構成員をパレスチナ評議会議員から選出し、同評議会に提案しその承認を受ける（第5条第4項）。なお、パレスチナ評議会議員および大統領は、ヨルダン川西岸、ガザお

よびエルサレムのパレスチナ住民によって選挙で選ばれる（第2-4条）。

第3節　イスラエル・パレスチナ紛争の現況

　数度にわたる戦争を挟んで続いてきたイスラエル・パレスチナ紛争は、1993年9月のオスロ合意によっていったん平和的な解決の方向性が現れたものの、2000年9月に第2次インティファーダが始まったことで、再燃した。その後、自爆攻撃等のパレスチナの武力行使や、パレスチナ自治区への侵攻に至ったイスラエルの武力行使がなされ、ＰＬＯ議長・パレスチナ自治政府大統領であったアラファトの死去（2004年11月）、イスラエルのガザからの撤退（2005年9月）、ＰＬＣ選挙（2006年1月）におけるハマースの勝利、ハマースによるガザ制圧（2007年6月）を経て、本書の脱稿時（2007年12月20日）に至るまで収束する兆しを見せていない。

　第2次インティファーダは、当時リクード党首であったアリエル・シャロン（Ariel Sharon）が、2000年9月28日にエルサレム旧市街にあるハラム・アッシャリーフ（Haram Al-Sharif）を訪問したことを直接的な契機とするものである。この行為を自らに対する挑発と捉えたパレスチナ人が翌日に起こした大規模なデモは、イスラエルの警察との衝突に発展し多くの死傷者を出すに至った[116]。

第2次インティファーダは、アル・アクサ・インティファーダ（Al-Aqsa Intifada）とも呼ばれる。アル・アクサとはハラム・アッシャリーフにあるモスクの名前である。ハラム・アッシャリーフは、イスラームおよびユダヤ教の聖地とされており、アラビア語で「高貴な聖域」を意味する。ユダヤ教側の呼称は「神殿の丘」である。また、「神殿の丘」の西側の壁は、「嘆きの壁」と呼ばれるユダヤ人が祈りを捧げる場所であり、その民族的象徴とされる。

第2次インティファーダにおける武力行使の主体は、イスラエルが国防軍を中心とする政府の組織であるのに対して、パレスチナは自治政府の治安部隊のほかに武装組織が関与しており、その主要なものは6つある[117]。それらはファタハ系の組織とイスラーム原理主義組織に大別されるが、前者としてファタハ、フォース17（Force 17）、タンジーム（Tanzim）およびアル・アクサ殉教者旅団（Al Aqsa Martyrs Brigades）、後者としてハマースおよびイスラーム聖戦（Islamic Jihad）がある。また、これらに比べると、第2次インティファーダにおける役割は小さくなるが、武力行使の主体としてはパレスチナ人民解放戦線（Popular Front for the liberation of Palestine：ＰＦＬＰ）などの武装組織もある[118]。

フォース17はＰＬＯの要人警護部隊として設立されたが、武装組織として種々の活動をしたともいう。パレスチナ自治政府の設立に伴いその治安部隊に統合されたものの、独自性は保持している。タンジームは、ファタハから派生した武装組織で

ある。アル・アクサ殉教者旅団は、タンジームやファタハの活動家によって設立されたとされ、ファタハ系の4組織の中で唯一自爆テロを実施している組織である。イスラーム聖戦は、ハマースと同じイスラーム原理主義の武装組織である。ハマースとイスラーム聖戦は、グリーン・ラインの内側において、イスラエルの民間人への自爆攻撃などを行ってきた。

なお、自治政府の治安部隊やファタハ系の組織は、第2次インティファーダ当初は入植地などグリーン・ラインの外側における暴動や銃撃を主に行ってきたが、後にはハマースやイスラーム聖戦と同様にグリーン・ライン内の文民を対象とする自爆攻撃や砲撃を行うようになった[119]。方針転換の理由は、入植地および軍事拠点への攻撃は容易に反撃を受けるのに対して、無防備な文民を対象とする自爆テロは与える損害がより大きいこと、イスラエルの対抗措置の強化を受けてパレスチナ人の間で自爆攻撃に対する支持が高まってきたことが挙げられる。このように、第2次インティファーダにおけるパレスチナ側の対応は、パレスチナ自治政府の治安部隊を含む武装組織という単位でなされており、パレスチナ人による大衆的な抵抗運動であった第1次インティファーダとは大きく異なるといえる[120]。

パレスチナの武力行使は、イスラエルによると、公人を含む文民・兵員を対象とする、銃撃、自爆攻撃、迫撃砲・ロケット砲・自動車爆弾による攻撃である[121]。その場所は、公共輸送機関、ショッピング・センター、市場、喫茶店および食堂といったあらゆるところに及ぶという。これらについては、第10回国

連緊急特別総会の第20回会合（2003年9月19日）で、パレスチナのアル・キドワ（Al-Kidwa）代表は、テロは非難されるべきであるが、一連の行為の背景に、イスラエルのヨルダン川西岸・ガザの占領およびこの領域における入植地の建設や、航空機・戦車によるパレスチナ文民への攻撃があると主張している[122]。

他方、イスラエルの武力行使は、パレスチナによると、文民の殺害、道路網などの生活基盤・自治政府施設・車両・家屋・住宅街の破壊、モスク・教会への攻撃である[123]。しかしながら、イスラエルの武力行使は、イスラエルからすれば、イスラエルへの武力行使の拠点やそれに責任を負う者に対する攻撃であり、対抗措置である。なお、イスラエルの対抗措置には、敵対行為に関与したとする者の殺害が含まれる（第2部第2章第6節「イスラエルの武力行使における目標区別原則の問題」を参照）。これを、イスラエルでは「目標を絞った殺害」（targeted killing: ＴＫ）と呼ぶが、非司法的殺害（extrajudicial killing）などといわれることがある。日本では、暗殺作戦などと呼ばれることが多く、本書ではこの用語を採用する。なお、暗殺作戦のうち、特に有名なものとして、ハマースの精神的指導者であるアフマッド・ヤシン（Ahmed Yassin）およびその後継者であったアブドゥル・アジズ・ランティシ（Abdel Aziz Rantisi）の暗殺がある。ヤシンは2004年3月22日、ランティシは2004年4月17日に、イスラエル軍の攻撃によって殺害された。

第2次インティファーダが始まった2000年9月29日から

2006年8月31日の間の犠牲者の数は表2のとおりである[124]。この表でいうTKとは、先に挙げた暗殺作戦を指す。

表2 第2次インティファーダにおける犠牲者数
(2000年9月29日―2006年8月31日)

	ヨルダン川西岸・ガザ	イスラエル	合計
イスラエル			
治安部隊	227	86	313
文民	235	462	697
計	462	548	1,010
パレスチナ			
イスラエル治安部隊による殺害	3,707	60	3,767
うちTKの対象となった者の数	206		206
うちTKの過程で殺害された者の数	335		335
イスラエル文民による殺害	41		41
パレスチナ人による殺害	204		204
うちイスラエルへの協力の嫌疑をかけられて殺害された者の数	117		117
計	3,952	60	4,012

この表では、パレスチナの犠牲者について、イスラエルのように、治安部隊と文民という区別がなされていない。その理由には、しばしば指摘されるように、パレスチナの敵対行為に係わる者が必ずしも交戦者資格を満たしていないとされることが挙げられる。これについては、第2部第1章「交戦者資格とイスラエル・パレスチナ紛争」で論じる。なお、パレスチナ人の同胞に対する加害行為については、イスラエルへの協力の嫌疑を

かけられた者に対するものだけなく、嫌疑をかけられて殺害された者の関係者が殺害した者に復讐するケースも含まれる[125]。

第2次インティファーダが起きた原因やその責任については、イスラエルとパレスチナの双方でその主張が大きく異なるものの、ヨルダン川西岸・ガザの最終的地位に関するキャンプ・デービット交渉（2000年7月）の決裂が背景にあることは確かである。ウィリアム・J・クリントン（William J. Clinton）米大統領の仲介のもと、エフード・バラク（Ehud Barak）イスラエル首相とアラファトＰＬＯ議長（いずれも当時）という首脳レベルで行われた交渉で合意を得なかったことで、中東和平プロセスには停滞感がもたらされ、両者の武力衝突を抑止または緩和するものとなりえなかったといえる。

第4節　ヨルダン川西岸・ガザの国際法上の地位

ヨルダン川西岸・ガザの国際法上の地位は、これらの地域の扱いをその内容に含む国連総会決議181（Ⅱ）、国連安保理決議242・338、加えて様々な国際法の原則によって規定される。

国連総会決議181（Ⅱ）は、第1節「イスラエル・パレスチナ紛争の背景と歴史」で述べたように、パレスチナをユダヤ人国家、アラブ人国家および国連が統治するエルサレムに分割すると決定したものである。この決議は、英国によるパレスチナ問題の国連への委託を受けてのものであり、国連総会の決定に

先立って英国はその統治する権限を国連に移譲したまたは国際連盟から委任された統治する権限を同じ国際機関に返還したといえる[126]。つまり、パレスチナを統治する権限は、オスマン・トルコから英国、英国から国連へと引き継がれており、決議181（Ⅱ）はその結果に基づくものである。同じ理由で、この決議は、ときに国際社会の認識を示す以上の効果しか持たない通常の国連総会決議とは異なるといえる。また、決議181（Ⅱ）は、国連憲章第1条第2項にその尊重が掲げられるなど、第2次世界大戦後国際法の原則となった「人民の自決」（self-determination of peoples）に合致するものでもある。このように、パレスチナ人とユダヤ人に人民の自決権があるのは当然であるが[127]、パレスチナにアラブ人の独立国家が存在したことがないまたは紀元前にイスラエルという国家があったという歴史的事実は、両人民の権利に対して国際法上の影響を与えるものではない。

なお、イスラエルは、ヨルダン川西岸・ガザを、帰属が定まっていない領域であり、「係争地」（disputed territories）と呼んでいるが[128]、国際法上有効な決議や原則に基づく統治方法の決定が実現していないという意味であれば、これは正しい。「係争地」という表現は、イスラエルの主張によれば、「占領地」（occupied territories）の対概念であるが、イスラエルがヨルダン川西岸・ガザを国際法上どのように捉えているかについては次節「ヨルダン川西岸・ガザへの武力紛争法の適用」で扱う。

国連総会決議181（Ⅱ）の効力は、アラブ諸国を含め決議を受け入れなかった国家があることには影響されない。もっとも、

決議を実効性あるものとしなかった国連に道義的な責任はあるが、それをもって決議が無効ということはない。ところで、決議181（Ⅱ）が国際法上有効であることは、そのまま単純に国境線がこの決議で定められたとおりである必要性が生じることにはならない。その理由としては、グリーン・ラインがイスラエルの国境線であると国際的に認識されていることがあるが、他に、国連安保理決議242・338がある。

国連安保理決議242・338は、第1節「イスラエル・パレスチナ紛争の背景と歴史」で述べたように、① 第3次中東戦争における占領地からのイスラエル軍の撤退と、② 中東におけるすべての国家にある「安全かつ承認された境界線内において平和に生存する権利」の尊重および承認、という2つの原則を確認したものである。イスラエル政府は、この決議について、①ですべての占領地からの撤退が求められていないこと、②で「安全でかつ承認された境界線内において平和に生存する権利」をイスラエルに認めていることを理由として、次の解釈を示している[129]。それは、グリーン・ラインはイスラエルにとって安全な国境ではなく、安全な国境線を設置するために占領地の一部をイスラエルが保持することを正当としうると、国連安全保障理事会が判断したというのである。

②でいう「安全かつ承認された境界線内において平和に生存する権利」が認められるのは、イスラエルだけでなく中東の各国であり、また国境線は当事国同士で承認される必要がある。これが満たされれば、イスラエルの国境線がグリーン・ライン

と異なったとしても問題ない。例えばイスラエルからみると、その領土が第3次中東戦争の前のときより広くなろうと狭くなろうと同じであろうと、そのことだけで決議242・338に反することにはならない。他方、占領地から軍隊が撤退する範囲と主権が確定される領域は必ずしも同一である必要はなく、①を理由に、②で扱っている境界線の選択肢を制約するのは適切ではなく、ましてや一当事者の一方的な国境線の確定が認められるわけでもない。

また、①と②を関連させて解するとしても、イスラエルの主張には難がある。①で求められているのは、占領地からのイスラエル軍の撤退であって、その撤退の範囲は限定していない。つまり、①で「すべての占領地」と解しうる表現となっていないことで除外されたのは、すべての占領地からの撤退だけを求めることであって、占領地からの撤退の程度についてはいかなる制限も設けていない。すべての占領地からの撤退を選択肢としないのであれば、決議文において「一部の」などの表現を占領地または撤退に付す必要があった。

もっとも、イスラエル政府が国連安保理決議242・338を根拠に、ヨルダン川西岸・ガザを含む数々の問題を関係各国による交渉によって解決しようとする姿勢[130]は、適切な対応である。

ところで、国連安保理決議242の前文には、「安全保障理事会は、(略)戦争による領域の取得が認められないこと(略)を強調する」とあり、これは戦争による領域主権の移転は認められないという国際法上の原則を確認したものといえる[131]。こ

の文言についても様々な解釈がなされているが、ここではこの文言を含む決議242に反することなく、イスラエルによるヨルダン川西岸・ガザの全部または一部の取得は国際法上適法となるという主張を紹介する。

それは、領域の取得が認められないのは、違法な武力行使としての戦争であり、自衛権の行使のような適法な武力行使には適用されないというものである[132]。また、必ずしも前文の解釈と結び付けられてはいないが、ヨルダン川西岸・ガザが国家への帰属が定まっていない領域であることに加え、同じくイスラエルの武力行使は適法であるとして、これらの地域をイスラエルに併合しうるという主張がある[133]。

違法な武力行使に対しては、他の国際違法行為と同様に、当該行為を行った国に国家責任が生じる[134]。第1章第3節「国際違法行為と賠償」で述べたように、国際違法行為を行った国は、原状回復、補償、サティスファクションのいずれかまたはその組み合わせで賠償をしなければならないが、原則的には領域の帰属の変更などはそこに含まれていない。補償の手段として領域の帰属が変更されることが法的に排除されているわけではないが、それは当事者が一方的に決定できるものではない。また、補償であるか否かにかかわらず、条約に基づく合意であれば、国連安保理決議242・338に反することなく、領域主権の変更は国際法上問題がない[135]。当然のことながら、この場合も論理的には領域主権の変更の対象となりうるのは、占領地に限定されない。

なお、国連安保理決議242・338は、国際違法行為があったか否かについて判断を示していない。つまり、第3次中東戦争において国家責任をどの国が負うべきかどうかについて有権解釈は行われていない。個々の国家や個人が特定の国家の国際違法行為の存在を指摘することはあっても、それは拘束力あるものではない。また、自衛権の行使に基づく武力行使の結果、占領した側に当該占領地の領有を認めることは、第2次世界大戦後において行われた武力行使の実態から見ても、危険である。「戦争」が国際法上禁止されたことで、第2次世界大戦後に行われた国家による武力行使は、自衛を名目に行われることが多いからである。

　ところで、イスラエルは、第3次中東戦争後、東エルサレムについてはヨルダン川西岸・ガザと異なり、軍政ではなく、自国の管轄権を行使させるための国内法上の措置をとってきた[136]。この動きは、基本法「エルサレム・イスラエルの首都」(1980年)で完成されたといえる。このようなエルサレムの併合は、国際社会から批判を受けているが、イスラエルは併合ではなく再統合であるという反論をしている。1948年の独立以降、東エルサレムがイスラエルの領土として国際社会に受け入れられたことはなく、当然のことながら、このような主張は、国際法上まったく意味がない。また、イスラエルによる併合が国際法上何らかの効力を持つことがあったとしても、東エルサレムにおける文民などの被保護者は、ジュネーヴ第4条約から受ける利益を奪われることはない（ジュネーヴ第4条約第47条）。

第5節　ヨルダン川西岸・ガザへの武力紛争法の適用

　イスラエル政府の見解によると、ヨルダン川西岸・ガザは、自国の占領（occupation）下にあるが、占領地ではない[137]。これは一見矛盾を孕んだように思える見解であるが、占領地とは、国家に帰属している領域であって他国が占領している土地を指す概念であり、ヨルダン川西岸・ガザはこれには当てはまらないという。占領下にはあるが占領地ではないというこの見解は、武力紛争法の適用についてのイスラエルの解釈ともつながる。それは、ヨルダン川西岸・ガザには、占領を対象とするハーグ陸戦法規は適用されるが、占領地を対象とするジュネーヴ第4条約は適用されないというものである[138]。なお、ハーグ陸戦法規には「国ノ権力カ事実上占領者ノ手ニ移リタル上ハ占領者ハ絶対的ノ支障ナキ限占領地ノ現行法律ヲ尊重シテ成ルヘク公共ノ秩序及生活ヲ回復確保スル為施シ得ヘキ一切ノ手段ヲ尽スヘシ」（陸戦規則第43条）など占領に係る規定を置いている。また、イスラエル政府は、ヨルダン川西岸・ガザにハーグ陸戦法規は適用されるもののジュネーヴ第4条約が適用されない理由として、前者は慣習国際法であるが後者はそうではないという見解を示している[139]。

　ヨルダン川西岸・ガザについて、特にジュネーヴ第4条約との関係が問われるのは、この地の住民であるパレスチナ人に対

するイスラエルの措置が、この条約に反するという主張がしばしばなされているからである。もっとも、イスラエル政府が示した見方には、ヨルダン川西岸・ガザは本来イスラエルの領土であって第3次中東戦争によって解放された地であるとするものもあったが[140]、ここに挙げた見解で確立している。

　最初に、ジュネーヴ第4条約は慣習国際法ではないというイスラエル政府の主張を検討してみる。第3章第3節「武力紛争法を構成する条約」で紹介したように、ジュネーヴ諸条約は慣習国際法であることは国際社会によって認識されている。第1章第1節「国際法の概要」でみたように、慣習国際法とは、諸国家の一般慣行のうち、国際法上の権利義務に基づくものとして諸国家から承認されているものをいうが、それを否認する国が一国あってもそれが覆るわけではない。

　イスラエルはジュネーヴ諸条約の当事国であるが、条約を実施するための法律が制定されていない[141]。しかしながら、それは国際法から見ると、条約の履行義務を怠っているだけであり、履行しない正当な理由とはならない。

　次に、ヨルダン川西岸・ガザは占領地ではないのでジュネーヴ第4条約が適用されないという主張を検討してみる。イスラエルのこの主張の根拠とされる規定は、その第2条にある。なお、ジュネーヴ諸条約は、条約の尊重を定めた第1条、第2条、内乱を規定した第3条は、同じ文言が採用されている。第2条を次に掲げる。

1 平時に実施すべき規定の外、この条約は、二以上の締約国の間に生ずるすべての宣言された戦争又はその他の武力紛争の場合について、当該締約国の一が戦争状態を承認するとしないとを問わず、適用する。

2 この条約は、また、一締約国の領域の一部又は全部が占領されたすべての場合について、その占領が武力抵抗を受けると受けないとを問わず、適用する。

（以下略）

イスラエルによれば、ヨルダン川西岸・ガザは国家への帰属が定まっていない領域であり、第2条第2項の「一締約国の領域の一部又は全部」には該当せず、したがってジュネーヴ第4条約は適用されない。ヨルダン川西岸・ガザにジュネーヴ第4条約を適用することは、両領域がヨルダンとエジプトに帰属すると認めることになるともいう[142]。

第2条第2項の意味するところは、条文を見ると明らかである。「この条約は、また、（略）に適用する。」(The Convention shall also apply to…) とあるように、第2項は、第1項の要件とは別に適用要件を定めており、ジュネーヴ第4条約を適用するのに、第1項と第2項の要件を両方満たす必要はない[143]。ジュネーヴ諸条約の規定には帰属が定まっていない領域をどのように扱うか明示しているものはないが、第3次中東戦争が第1項の要件である国際的武力紛争であることを否定しえないので、ヨルダン川西岸・ガザにジュネーヴ諸条約が適用されるのは明らかである。

条文を文言どおり解釈すればこのようにいえるが、イスラエル政府の見解に対してはさらに次のような疑問が生じる。

第1に、領域の帰属に対する見解の相違は武力紛争の主要な原因の1つであり、ジュネーヴ諸条約を先に挙げたイスラエル政府の見解に従って解釈すると、武力紛争への適用は限られたものになる。また、武力紛争において、他国が実効支配している領域を武力制圧した国は、その領域の帰属は定まっていないとの見解を示せば、形式的には履行義務に反することなくジュネーヴ諸条約を適用しなくて良いことになる。もっとも、そのような行為をすれば、イスラエルが受けているように国際社会からの批判にさらされることになる。

第2に、ジュネーヴ諸条約は、戦地・海上における戦争犠牲者、捕虜および文民の保護を目的として締結された条約である。そして、共通第2条は、第1条約から第4条約まで規定する。イスラエル政府の見解に従って解釈すると、帰属が定まっていない領域では、第4条約だけでなく、戦地・海上における戦争犠牲者および捕虜の保護も必要ないということになる。帰属が定まっていない領域における武力紛争では、占領下にある文民だけでなく、戦地にある軍隊の傷病者や捕虜についても、保護の基準を下げることにどのような合理的な説明をなしうるのだろうか。

第3に、このような主張は、条約の制定過程から見ても誤っている[144]。第2条第2項は、抵抗することなく占領された地域にも適用するために設けられた条項である。具体的には、第2

次世界大戦におけるドイツのデンマーク占領のような場合を想定してのことである。

国連安保理決議1544（2004年5月19日）には、「ジュネーヴ第4条約に基づく法的義務と責任によって良心的に遵守されるべき、占領国であるイスラエルの責任に再言及し」という文言があるが、これは、ヨルダン川西岸・ガザにジュネーヴ第4条約が適用されるという国際社会の認識を示す一例である。

なお、イスラエル政府は先に挙げたジュネーヴ第4条約の解釈を維持しながらも、ヨルダン川西岸・ガザについては、この条約の「人道的な部分」に従って行動することを決めているという[145]。しかしながら、イスラエル政府はジュネーヴ第4条約の「人道的な部分」を明示しておらず[146]、そもそも軍事的必要性と人道的考慮が両立されている武力紛争法について、「人道的な部分」とそうでない部分を分けるのは、本来武力紛争法が果たすべき役割を不当に限定する解釈となりうる。

第6節　イスラエル・パレスチナ紛争への武力紛争法の適用

前節で述べたように、ヨルダン川西岸・ガザはハーグ陸戦法規・ジュネーヴ諸条約で規定される占領地であり、イスラエル政府を含め種々の主体の行為は、これらの武力紛争法の内容と合致するものでなければならない。それでは、オスロ合意など

のイスラエル・パレスチナ間で合意された一連の文書はこれにどのような影響を与えるか、そして第2次インティファーダ以降のイスラエル・パレスチナ紛争への武力紛争法の適用はどのようなものになるか、という点について検討する。

オスロ合意などの一連の文書は、第2節「オスロ合意とパレスチナ自治政府の成立」で述べたように、ヨルダン川西岸・ガザの部分的な施政権の移譲や、両者間で今後交渉すべき内容を規定したものである。先に掲げた検討事項から見て、注目すべき点が2点ある。

第1は、「原則宣言」の前文にあるように、「正当なかつ政治的な権利」が相互承認されたことである。ここでいう相互承認には、両者がともに国際法上の主体であることも含まれる[147]。ヨルダン川西岸・ガザという係争地でありながら、その地の主たる住民または住民であった者が、当事者として関係者間で必ずしも十分に認識されてこなかったことが、イスラエル・パレスチナ紛争の大きな問題点であったことを踏まえると、それが一応は妥結したことの意義は大きい。また、パレスチナ当局が管轄する範囲に外交関係は含まれないことが、オスロ合意の附属議定書Ⅱ第3項およびカイロ合意第5条第1項・第6条第2項などで規定されているが、これによって、これらの合意が外交関係を律しうる、つまり国際法上の主体間でなされたものであると解することができる。

なお、国際法によって規律される国際的な合意については、その終了前に当該合意の実施によって生じていた当事者の権

利・義務・法的状態は、その終了による影響を受けることはないとされている[148]。パレスチナは、通常の国家とは異なるであろうが、国際法上の主体であると承認され、その過程は不可逆的といえる。

もっとも、最終的地位に関するイスラエル・パレスチナ間の交渉が妥結していないことから、パレスチナが国際法上の主体であるとしても、現在の状態で国家であるわけではない。また、ＰＮＣが1988年に独立宣言を行い、それが国連総会決議で承認されているが、この時期にパレスチナが実効的な支配を行っている領域は存在しないので、これをもって国家ということはできない。この決議の第3項では、国連におけるＰＬＯのオブザーバーとしての地位と機能を損なうことなくＰＬＯをパレスチナという表現に置き換えるとしており、ここからもこのような解釈は支持される。国連総会による承認は、将来のパレスチナ国家の存立を支持する国際社会の意思表示と解するのが妥当である。

オスロ合意などの一連の文書についての第2の注目すべき点は、パレスチナの自治、具体的にはヨルダン川西岸・ガザについて、その領域・内容の両面で、イスラエルからパレスチナに部分的に権限が移譲されたことである。これによって、パレスチナの国際法上の主体としての地位は一層強化されることになる。他方、その権限の移譲の程度に応じて、占領法規の適用は、その内容および地理的範囲が限定されることになる[149]。もっとも、イスラエルによる再占領があれば、その程度に応じて占領

法規の適用範囲の限定は解除されることになる。

このように、オスロ合意以降のイスラエル・パレスチナの関係の変化は、両者の紛争への武力紛争法の適用にも若干の変化をもたらした。1つは、両者が国際法上の主体であるとする一応の相互承認がなされたことであり、この紛争が国際的性質を帯びていることがこれで関係者間によって確認されたといえる。もう1つは、自治の実情に応じて占領法規の適用が変化することである。

ところで、イスラエル政府は、イスラエルが直面している類のテロリスト攻撃——つまり、パレスチナの武力行使——が、国際の平和と安全に対する脅威を構成しており、そのような状況においては個別的・集団的自衛権を行使しうると表明している[150]。第2章第2節「開戦法規の概要」で述べたとおり、国連憲章では、国際関係における武力による威嚇又は武力の行使を禁止しており、その例外で適法な武力行使は、自衛および安全保障理事会の決定する軍事的強制措置としてのみ行われるとする。パレスチナの武力行使への対抗措置を自衛権で説明するイスラエル政府の見解は、イスラエル・パレスチナ紛争が国際的武力紛争であってイスラエルの国内管轄事項に属していないことをイスラエルが受け入れていることを示している。なお、イスラエルは、近隣のアラブ諸国に拠点を置く武装組織の武力行使に対して、これまで武力による対抗措置を執ってきたが、それも自衛権の行使として説明してきた[151]。

また、第10回国連緊急特別総会の第16回会合（2002年5月

7日)で、イスラエルのランクリー(Lancry)代表は、イスラエル・パレスチナ紛争について、パレスチナ人と同様にイスラエルにも人道法が適用されることは明白であるべきと述べている[152]。このようなイスラエルの見解も、イスラエル・パレスチナ紛争に武力紛争法が適用されることをイスラエルが受け入れていることを示している。

他方、パレスチナの見解であるが、先に挙げたのと同じ国連緊急特別総会の会合で、パレスチナのアル・キドワ代表はジュネーヴ第4条約を引用してイスラエルの入植地の建設などを批判しており[153]、イスラエル・パレスチナ紛争およびヨルダン川西岸・ガザへの武力紛争法の適用を受け入れていると思われる。

第 2 部

武力紛争法とイスラエル・パレスチナ紛争

第 2 部では、武力紛争法のうち、交戦者資格と目標区別原則という観点から、イスラエル・パレスチナ紛争における両者の武力行使をどのように評価できるかを論じる。

第1章　交戦者資格とイスラエル・パレスチナ紛争

第1節　交戦者資格の概要

　武力紛争法は、戦闘員と文民の区別を基本とする。戦闘員は、武力紛争法が許容する範囲内で、敵の軍事目標を攻撃するなどの敵対行為を行うことができる。そして、戦闘員が敵の権力内に陥った場合には、捕虜として一定の保護を受ける。他方、文民は、敵対行為を行うことは許されないが、敵対行為の対象とされないなど様々な保護を受ける。また、軍の構成員でも、衛生要員と宗教要員は戦闘員とはならない。

　戦闘員であるための資格を交戦者資格というが、この表現はハーグ陸戦法規の条文に由来する（陸戦規則第1章「交戦者ノ資格」）。戦闘員でない者、つまり交戦者資格を有さない者が行う敵対行為は武力紛争法違反であり、当該行為を行う者は違法戦闘員（unlawful combatant）となる。違法戦闘員の敵対行為は、武力紛争法の範囲内であっても違法なものであり、その上殺人罪など国内法上の犯罪としても問われることがある[154]。

第2節　交戦者資格の歴史

　交戦者資格は、ハーグ陸戦法規でいったん確定し、第2次世界大戦の経験を踏まえて締結されたジュネーヴ諸条約において修正が加えられた。ハーグ陸戦法規とジュネーヴ諸条約を継承したジュネーヴ第1追加議定書も、交戦者資格を規定しているものの、この条約はハーグ陸戦法規やジュネーヴ諸条約のように慣習国際法にはなっておらず、またその交戦者資格に係る規定が慣習国際法を構成するかどうかについては結論が出ていない[155]（第1部第3章第3節「武力紛争法を構成する条約」を参照）。したがって、本書では、ジュネーヴ第1追加議定書の交戦者資格については扱わない。

　ハーグ陸戦法規の交戦者資格の原型は、ブリュッセル宣言（1874年）にある[156]。ブリュッセル宣言とは、ロシア皇帝アレクサンドル2世の発意でブリュッセルにて開催された会議で採択されたものである。各国代表が参加した会議であったが、条約には至らなかった。

　ブリュッセル宣言は、第9条および第10条で交戦者資格を規定している[157]。第9条は、正規軍に加えて、「遠方から認識することができる固着の特殊徽章を有すること」など4条件に合致する民兵（militia）および義勇兵（volunteer corps）に交戦者資格が付与されるとした。第10条では、非占領地の住民が正規軍を編成する時間がないときに侵入軍に抵抗するために

自発的に武器をとるときも、交戦者資格を有することとした。これを群民兵（levée en masse）という（詳細は、次節「ジュネーヴ諸条約の交戦者資格」を参照）。スイス、ベルギーおよびオランダは、これは大国に有利な規定であるとして、人民を交戦者と認めるべきと主張したものの認められなかった[158]。

ブリュッセル宣言の交戦者資格は、当然のことながら、その範例としたリーバー法ともほぼ合致する。群民兵を盗賊・山賊として扱うことはないが、「軍によってすでに占領されて、その軍に対して武装して蜂起する」ことは武力紛争法に違反する行為であり、それを行った者は保護される権利を付与されない（リーバー法第52条）。「武装し自らの軍の制服を着用」して、「主部隊から分離した隊に属する」兵は、捕虜としての権利を付与される（同第81条）。戦時叛逆を行った者が捕らわれたときは、単独か集団に属しているか、政府の要請があったか否かを問わず、「死刑を科される」（同第85条）。

旧ハーグ陸戦法規を締結した第1回ハーグ平和会議においても、ブリュッセル宣言のときと同じ各国間の見解の対立があった。交戦者資格の規定自体はブリュッセル宣言をほぼそのまま継承することとなったが、妥協の産物としてマルテンス条項（Martens Clause）が、条約の前文に挿入されることとなった[159]。マルテンス条項は、会議のロシア代表であったフォードル・フォドロヴィッチ・マルテンス（Fyodor Fyodorovich Martens）が発議したものであることから、このように呼ばれる。

マルテンス条項とは、「締約国ハ其ノ採用シタル条規ニ含マ

レサル場合ニ於テモ人民及交戦者カ依然文明国ノ間ニ存立スル慣習、人道ノ法則及公共良心ノ要求ヨリ生スル国際法ノ原則ノ保護及支配ノ下ニ立ツコトヲ確認スル」というものであり、交戦者資格に係る規定は特にこの趣旨を以て解すべきと同じく前文に記されている。

しかしながら、マルテンス条項が、交戦者資格についての武力紛争時の国家実行にどのような影響を与えうるのかは定かでない。実際、2度の世界大戦で、この条項を踏まえた国家実行はなかったという[160]。このような抽象的な規定は、これに相応する具体的な規定があったときに、何らかの効果をもたらすと思われる。

旧ハーグ陸戦法規の交戦者資格は、この条約を改定したハーグ陸戦法規で若干修正された。修正点は、群民兵の条件として「公然と武器を携行していること」が加えられたことである。群民兵は自発的に武器をとる者をいうので、付加された要件は武器の携行が「公然」であることである。これは、拳銃などを携帯するだけで交戦者資格を有するのを排するためである[161]。

ハーグ陸戦法規で一旦確定した交戦者資格は、第2次世界大戦の教訓を踏まえて締結されたジュネーヴ諸条約によって、一層明確かつ整理されたものとなった。ただし、ジュネーヴ諸条約で定義されているのは、保護の対象である戦地・海上における戦争犠牲者（第1条約・第2条約）および捕虜（第3条約）の資格である。これは、その対象者が権力内に陥ったときなどにおける保護を条約で規定していることによるものであり、そ

のまま交戦者資格として解するのが妥当である。

　ジュネーヴ諸条約の交戦者資格で、ハーグ陸戦法規と異なるのは、組織的抵抗運動団体に係る規定が付加されたことである。第2次世界大戦において、ドイツ占領下の抵抗運動がしばしば苛酷な扱いを受けたことから、組織的抵抗運動団体の構成員は、民兵・義勇兵と同様に一定の要件を満たすことで交戦者資格を有することになった[162]。

第3節　ジュネーヴ諸条約の交戦者資格

　ジュネーヴ諸条約の交戦者資格を整理すると、次のようになる。

　　Ⅰ　紛争当事国の軍隊の構成員及びその軍隊の一部をなす民兵隊又は義勇隊の構成員
　　Ⅱ　紛争当事国に属するその他の民兵隊及び義勇隊の構成員（組織的抵抗運動団体の構成員を含む）
　　次の4条件を満たすこと。
　　　①　「部下について責任を負う1人の者が指揮していること」
　　　②　「遠方から認識することができる固着の特殊徽章を有すること」
　　　③　「公然と武器を携行していること」
　　　④　「戦争の法規及び慣例に従って行動していること」
　　Ⅲ　群民兵（占領されていない領域の住民で、敵の接近に当り、正規の軍隊を編成する時日がなく、侵入する軍隊に抵抗するた

めに自発的に武器を執る者）
　前記の4条件のうち③と④を満たすこと。

　軍隊は、一般には国家が持つ軍事力と定義されるが[163]、武力紛争法において明文の規定があるわけではない。ただし、民兵・義勇兵および組織的抵抗運動団体の構成員（以下、組織で捉えて総称するときは「非正規軍」、構成員で捉えて総称するときは「非正規兵」と略）が交戦者資格を有するには前記の4条件を満たすことを必要とするので、正規軍の構成員は自らこの要件を満たすものとされる。正規軍の構成員かどうかは、その正規軍と個々の人員との国内的な関係によって規定されるものでもあるが、武力紛争法においては、それに加えて前記の4条件を要することになる[164]。もっとも、正規兵は、通常制服を着用し武器を携行しており、条件④を除けば交戦者資格の要件を満たしているといえる（条件④については、次節「交戦者資格の要件の論点」を参照）。このような解釈は、条約の条文から必然的に導き出されるものではないが、国家実行によって支持されている[165]。

　他方、民兵とは、平時は軍事訓練などをするが通常の軍務には就かない者で、武力紛争時に国家に召集されて敵対行為に従事する者である。義勇兵とは、武力紛争時に志願して軍務に就き敵対行為に従事する者である。組織的抵抗運動団体とは、武力抵抗を目的として住民を組織化した団体である。群民兵は、未占領地の住民で、侵入する敵軍に対して自発的に武器をとる

者であり、組織化されていない。

　条件①「部下について責任を負う1人の者が指揮していること」は、敵対行為を行う者が、構成員に対して1人の上官が指揮しその責任を負う組織に属すことを求めている。これは、軍事的合理性に基づくもので戦闘集団に必須の要件であるが、武力紛争法を遵守させる体制としても必要なものである。条件②「遠方から認識することができる固着の特殊徽章を有すること」および条件③「公然と武器を携行していること」は、戦闘員が、武力紛争法の基本原則の1つである目標区別原則を遵守するための要件である（目標区別原則については、第1部第3章第1節「武力紛争法の基本原則」および第2部第2章第1節「目標区別原則の概要」を参照）。これによって、戦闘員は、軍事目標である戦闘員と軍事目標にはならない文民を区別できる。また、条件②については、固着の特殊徽章はその所属する組織を示すこととなり、それによって条件①も満たしていることを他者に認識させうる。条件④「戦争の法規及び慣例に従って行動していること」は、武力紛争法における戦闘員としての権利を享受するには、その義務を履行することも当然要請されるというものである。なお、群民兵は、組織化されていない者であり、条件①と条件②を満たすことを求められていない。また、占領地の住民で自発的に抵抗運動などの敵対行為を行う者は群民兵には含まれず、条件③と条件④を満たすか否かにかかわらず戦時叛逆者となる。

　なお、正規兵と、群民兵以外の非正規兵については、紛争当

事国に属することが交戦者資格の要件であると、ジュネーヴ諸条約で明確化された。

第4節　交戦者資格の要件の論点

　交戦者資格の要件である4条件を満たしているか否かという点が、個人またはその属する組織のどちらのレベルで決定されるかについては議論がある。条件①は、組織の構成員であるか否かまでは個人に問うが、その属する組織が、部下について責任を負う1人の者がいる指揮体系を持つことも併せて要求する。条件②は、固着の特殊徽章がその所属する組織を示す以上、前提として当該組織がそれを定めることが求められ、その上で個人がその特殊徽章を固着するかが問われる。条件③・④は、第一義的には個人レベルで問うとされるが[166]、条件④については、個々の構成員ではなく組織レベルで決定すべきとする見解もある[167]。

　条件④は、正規兵と非正規兵を明確に差別する規定であると指摘されており[168]、その適用次第では両者が同じ行為を行ったことの法的結果が異なる可能性がある。例えば、武力紛争において、敵対行為に従事する者がジュネーヴ諸条約の「重大な違反行為」を行い、その後で敵の権力内に陥ったとする。この場合、敵の権力内に陥った者が、正規兵のときは、捕虜として扱われ、その地位が損なわれることなく当該「重大な違反行為」

については別途訴追される。他方、敵の権力内に陥った者が、非正規兵のときは、当該「重大な違反行為」を行ったことで条件④を満たさないことになり、他の条件①・②・③（群民兵の場合は条件③のみ）を満たしたとしても捕虜として扱われない。そして、その「重大な違反行為」だけでなく、違法戦闘員としても訴追されるが、そのプロセスにおいては、捕虜であれば保障される弁護人の選任などの権利が必ずしも認められるわけではない（第1部第3章第4節「武力紛争法における国家責任と戦争犯罪」を参照）。

また、条件④に反するのは、武力紛争法に違反する行為を行ったときであり、「重大な違反行為」などの国家に訴追義務がある戦争犯罪に限らない。正規兵であれば必ずしも処罰されるわけではない国際違法行為でも、非正規兵が行ったときは、その行為によって違法戦闘員として処罰されうるのである。

このように、条件④を個人に問うことは、同じ行為を行ったときの正規兵と非正規兵の扱いを変えることにつながりかねないものであり、合理的な解釈とはいえない。なお、非正規兵は文民との区別がつきにくく、交戦者資格の要件は正規兵と比べて厳しく適用すべきという見方があろうが、その観点で求められるのは交戦者資格の条件②・③であり、これを理由に条件④を個人に求めるのは適切ではない。

条件④は、個人に問われるべきではなく、その属する組織が全体としてそれを満たしているかどうかを決定するのが妥当である。例えば、交戦者資格を有する敵戦闘員を捕らえたときに、

組織的に捕虜として遇さないとすれば、条件④は満たされていない。ただし、このように解釈するとして、非正規軍に武力紛争法に違反する行為が1つでもあれば——例えば、属する非正規兵に交戦者資格に必要な4条件を満たさない者がいても——、それだけで条件④が満たされないと決定することはできない[169]。それは、紛争当事国の正規軍が武力紛争法に違反する行為を行ったとしても、戦時復仇を除き、当該行為を受けた紛争当事国が武力紛争法の義務から解放されることがないのと同様である。問われるのは、武力紛争法の遵守のための実効性ある措置を非正規軍が講じているかどうかである。条件④は正規兵と非正規兵を差別しうる規定であると先に述べたが、このように解することでそれは回避できる。もっとも、群民兵は必ずしも組織化されていないので、そのときは条件④は個人に問わざるをえない。

　他方、現在の国際社会において、強い影響力を持つ国の多くは軍事大国である。強力な海・空軍力を持つ国（例えば、米国）は、他国の軍事力が自国に近づくことを許さず、強力な陸軍国（例えば、ロシアや中国）は仮に自国が侵攻されても容易に撃退できる。欧州諸国は米露中には及ばないが一定の軍事力を保有し加えて地域統合を進めていることもあって、領土を侵される可能性は低い。これらの国々は、自国の領土が侵されるよりはむしろ他国の領土で軍事活動を行う可能性が高い。国際社会をリードする諸国は、自国の正規軍が瓦解し自領で非正規軍による防衛を強いられる状況を想定する必要はなく、その点で条

件④を組織レベルで問う解釈は採用されにくいともいえる。

第5節　交戦者資格の要件の現実性

　非正規軍が、交戦者資格の要件を満たした上で、正規軍に十分に対抗しうる状況はどれほどあるか。第2次世界大戦における抵抗運動の多くは、ハーグ陸戦法規の交戦者資格の要件を満たしていなかったという[170]。ジュネーヴ諸条約では、組織的抵抗運動団体が非正規軍として認められることとなったが、4条件という要件は緩和されていない。他方、現代の正規軍の戦力は、ハーグ陸戦法規の制定時より技術革新や戦術の向上によって比較にならないほど強力になっている。

　非正規軍が、正規軍に対抗するには、戦闘地域の地理を敵より詳細に把握し、全面的な対決を避けて相手に消耗を強いる戦略を採用する必要がある。このとき、交戦者資格の要件のうち条件②・③を満たすのは困難となる可能性があり、特に群民兵の場合、組織化すらされておらずその可能性は一層高くなる。

　交戦者資格の要件は、このように他国の侵攻に十分に対抗しうる常備軍を維持できない国には不利なものとなるが、条件②・③は目標区別原則を保障するための要件であり、人道主義という観点からも不可欠である[171]。

第6節　パレスチナの武力行使における交戦者資格の問題

　本節では、交戦者資格に係る前節までの考察を踏まえて、イスラエル・パレスチナ紛争についてどのような論点があるかを分析する。イスラエルの武力行使は正規軍が主体であるので、交戦者資格が問題となるのはパレスチナである。ただし、第1部第4章第3節「イスラエル・パレスチナ紛争の現況」で述べたように、イスラエル文民による敵対行為は小規模ながら存在する。これについては、本節で述べるパレスチナ人の敵対行為に対する分析がほぼ同様に適用できる。

　交戦者資格の要件について、個々の条件ごとに次に論じる。

　条件①　「部下について責任を負う1人の者が指揮していること」

　パレスチナの武力行使の主体である武装組織は、ファタハ、フォース17、タンジーム、アル・アクサ殉教者旅団、ハマースおよびイスラーム聖戦など複数存在する（第1部第4章第3節「イスラエル・パレスチナ紛争の現況」を参照）。前4者はPLO関連組織であるものの、その敵対行為のすべてについてPLOが統制できているとはいえない。また、後2者はPLOから独立している。パレスチナの武力行使の担い手について、全体を統括する指揮体系は存在しないが、条件①は、紛争当事者の中枢からの直接的な指揮系統に属することまで要求してい

るわけではない[172]。条件①が満たされているか否かはそれぞれの組織レベルで判断されるべきである。各組織の指揮体系は明らかではないが、その構成員が単独で行動しているといわれることはないので、条件①は満たしていると考えてよい。

条件② 「遠方から認識することができる固着の特殊徽章を有すること」
条件③ 「公然と武器を携行していること」

条件②は、正規兵においては軍服の着用などによって満たされるが、非正規兵にもまったく同じことが求められるわけではない。身体または衣服に固着する徽章ならばよく、具体的には他と識別できる特殊な服や被り物でも構わない[173]。また、この条件は、敵戦闘員が遠方から認識できるよう自分の身をさらすことまで求めているわけでもない。要は、敵対行為を行う者が、自らを文民であると敵を欺くのを禁止することである[174]。これは、条件③も同様である。陸戦の主体である歩兵が携行する兵器は、歩兵用小銃、軽機関銃および狙撃銃であるが[175]、これらを隠して携行することは困難であり、当然条件③を満たすことになる。

パレスチナの武力行使のうち、自爆攻撃のように敵対行為を行う直前まで文民を装うことは、明らかに条件②・③に反する。自爆攻撃は、文民を攻撃の対象とする点で後述する目標区別原則に反する行為であるが（第2章第5節「パレスチナの武力行使における目標区別原則の問題」を参照）、交戦者資格を有さ

ずに行う敵対行為でもある。したがって、行為を完了してしまえば不可能となるが、それを行った者は違法戦闘員として処罰されうる。なお、自爆攻撃以外のパレスチナの敵対行為について、当該行為を行った者が条件②・③を満たしているかどうかは、行為そのものからは導き出すことはできない[176]。

 ところで、イスラエル・パレスチナ紛争においては、ファタハなどの武装組織の構成員の他に、交戦者資格について論点を惹起する存在がある。それは、ときには投石や火炎瓶を用いるまでに至る大衆の暴動である。個々の状況によるが、大衆の暴動が条件②を満たすことは考えにくい。投石や火炎瓶による敵対行為を行うとき、それらの武器が公然携行であれば、条件③を満たしうるが、果たしてそのような場合が実際にあるかどうか。なお、パレスチナ自治政府が限定的な管理権を行使する地域Ａ・Ｂにイスラエル軍が侵攻する状況において、暴動を起こす大衆が群民兵の要件を満たすならば、条件③・④に合致するとき交戦者資格を有するといえる。いずれにしろ、ヨルダン川西岸・ガザにおける大衆の暴動は、交戦者資格を有する者による敵対行為と解する余地がないわけではないが、それは稀有な場合になると思われる。もっとも、このような暴動が武力行使を構成する敵対行為となるかという点も、論点として残る。

 他方、第２次インティファーダにおいては、武装したパレスチナ人が、暴動を起こしている大衆の背後などに隠れながら敵対行為を行うことがあったという[177]。このような行為は、条件③に反するだけでなく、必要性がないときは文民を軍事上の危

険にさらさないという武力紛争法の目的に真っ向から挑戦する国際違法行為である。国連緊急特別総会の第16回会合で、イスラエルのランクリー代表が、「被害を避けるために自らを文民のように装い、人間の盾（human shield）として子どもも含めて文民を利用してきた」者がパレスチナ人にいると述べているが[178]、これは正当な批判といえる。

なお、文民は軍事活動から遠ざけるべきという規範は、イスラエル最高裁判所が自国の軍事活動に係る審判において明確に示しており、具体的方法としてはまったく逆であるが、軍事活動における文民の利用の違法性はここでも確認できる（第2章第6節「イスラエルの武力行使における目標区別原則の問題」を参照）。

　条件④　「戦争の法規及び慣例に従って行動していること」
　第4節「交戦者資格の要件の論点」で述べたように、パレスチナに武力紛争法に違反する行為があったとしても、それをもって条件④が満たされなくなるわけではない。また、パレスチナは、ジュネーヴ第4条約に違反しているとしてイスラエルを批判し、武力紛争法の履行義務を受け入れており（第1部第4章第6節「イスラエル・パレスチナ紛争への武力紛争法の適用」を参照）、ＰＬＯとしては、条件④を満たしているといえる。なお、条件④は個人で問うべきとする見解を採るとすれば、パレスチナというレベルで満たしているか否かは考える必要はなく、個々の人員ごとに決定すべき事柄となる。このときは、パ

レスチナの敵対行為を行う者すべてを一括して条件④に反すると決定することはできない。

　もっとも、パレスチナの武装組織が、武力紛争法を含めて国際法をどのように理解しているかは定かではない。特に、イスラームを組織のアイデンティティとするハマースやイスラーム聖戦が、西洋の国際法秩序を起源とする武力紛争法を履行すべきものと解するかについては疑問がある。また、この2組織はPLOの指揮下にはない上に、オスロ合意を受け入れていないともされており、第1部第4章第6節「イスラエル・パレスチナ紛争への武力紛争法の適用」で述べた武力紛争法の適用に必要ないくつかの前提については、次に挙げる点も含めて成立するか議論の余地がある。

　ジュネーヴ諸条約では、交戦者資格の要件として、4条件の他に紛争当事国に属することを明確化した。これは、国際法上の主体としての紛争当事者が軍事力の使用を決定する権限を持つという原則に基づくものである[179]。第1部第4章第6節「イスラエル・パレスチナ紛争への武力紛争法の適用」で述べたように、イスラエルとパレスチナは、「原則宣言」において「正当なかつ政治的な権利」を相互承認したが、これには国際法上の主体であることも含まれる。オスロ合意は当事者間で武力紛争が起きる可能性を許容したものではないが、この相互承認によって、パレスチナは交戦者資格のこの要件を満たすものといえる。また、限定的であるが、パレスチナに施政権がある領域

が生じたこともこの要件を保障するものとなる。なお、群民兵については、そもそもこの要件を満たす必要はない。

　ところで、イスラエル・パレスチナ紛争の武力行使の主体となる者のうち、交戦者資格について複雑な立場を持つ者たちがいる。イスラエル国籍を持つパレスチナ人である。交戦者資格で問われるのは交戦当事者に属していることであり、その国籍を保有しているかはその限りでは問われない。米軍には米国籍を持たない兵が多数いることはよく知られているが、彼らは米国籍を持つ他の兵と交戦者資格において区別されることはない。しかしながら、交戦当事者の軍隊に属する兵が、その武力紛争の相手である交戦当事者の国籍を持っているとき事情は異なってくる。この場合、自国に対する忠誠義務に反したその兵は捕虜資格を有しないとされることがある[180]。また、イスラエル国籍を持つパレスチナ人の敵対行為がイスラエル領内で行われるときは、その武力紛争は国際的なのか非国際的なのかなどと問題はさらに複雑になる。

第2章　目標区別原則とイスラエル・パレスチナ紛争

第1節　目標区別原則の概要

　目標区別原則とは、軍事目標とそれ以外を区別し、前者のみを敵対行為の対象とするものである。したがって、軍事目標とそれ以外を区別しない無差別攻撃も禁止される。この原則は慣習国際法を構成し[181]、国際司法裁判所の勧告的意見においても武力紛争法の基本原則として確認されている（第1部第3章第1節「武力紛争法の基本原則」を参照）。また、条約上では、ジュネーヴ第1追加議定書第51条第2項および第4項で表現されている。なお、軍事目標については、敵対行為の対象となる人・物を指すときと、物だけを指すときがある。本書では、特に断らない限り人も含めて軍事目標という。

　軍事的利益との比較において、付随する文民・民用物に対する損害が過度になる攻撃は禁止されるが、これを均衡性原則という。均衡性原則は、目標区別原則とは区別されることが多いが、密接に関連するものであり、本書では併せて論じる。

第2節　軍事目標の概要

　軍事目標という表現が一般条約で採用されたのは、発効しているものであればジュネーヴ諸条約、未発効のものも含めればハーグ空戦規則が最初の例である。ただし、前者ではその定義は行われていない。他方、軍事目標という表現は採っていないものの、陸戦規則および戦時海軍砲撃条約に関連する表現がある。

　陸戦規則第23条は、「戦争ノ必要上万已ムヲ得サル場合ヲ除クノ外敵ノ財産ヲ破壊シ又ハ押収スルコト」を禁止する（第1部第3章第4節「武力紛争法における国家責任と戦争犯罪」を参照）。これは、軍事的必要性があるときのみ、物品・施設などを破壊しうることを意味する。第23条にある「戦争ノ必要」は、戦争状態の承認の有無にかかわらずすべての武力紛争に武力紛争法を適用することが第2次世界大戦後に確認されたことで、軍事的必要性として読み替えて解すべきである（第1部第3章第3節「武力紛争法を構成する条約」を参照）。

　陸戦規則では、第23条の他に、「防守セサル都市、村落、住宅又ハ建物」（以下、戦時海軍砲撃条約における「防守セラレサル港、都市、村落、住宅又ハ建物」（第1条）と併せて「無防守都市」と略）への「如何ナル手段」による攻撃・砲撃の禁止（第25条）、強襲以外の砲撃についてはそれに先立って通告するためのすべての手段をとること（第26条）、同時に軍事目

的に使用されていない「宗教、技芸、学術及慈善ノ用ニ供セラルル建物、歴史上ノ紀念建造物、病院並病者及傷者ノ収容所」に損害を与えないよう必要なすべての手段をとること（第27条）などの目標区別原則に関連する規定がある。なお、戦時海軍砲撃条約においても類似の規定があり、その第1・2条は陸戦規則第25条、第5条は第27条、第6条は第26条に対応する。

無防守都市の「防守」には、軍事力による防衛だけでなく住民による抵抗も含まれる[182]。つまり、問われるのは占領を受け入れるか否かであり、前者のときに無防守都市となる。第1部第3章第2節「武力紛争法の歴史」で述べたように、19世紀までの武力紛争法では、都市の扱いが主要な論点の1つであった。都市だけでなく、村落、住宅などの単位でも、防衛や抵抗がないとき、それらに対する攻撃を禁止することが一般条約で明文化されたのである。

砲撃の事前通告については、陸戦規則が強襲を例外としたのに対して、戦時海軍砲撃条約では、「軍事上ノ必要已ムヲ得サル場合」を例外とする[183]。実際に意味がある規定であるかは疑問であるが、事前通告を行っても同様の軍事的利益を得られるときに、通告を怠るのは国際違法行為となる[184]。なお、米国は、砲撃の対象に文民が所在するときのみ、この規定が適用されるとする[185]。

陸戦規則第27条は、主に医療施設と文化財について、敵対行為の主体側に義務を課したものであるが、後にそれらを権力下に置く側の義務が他の条約で定められた。医療施設について

は、軍事目標から離れた場所に位置させること（ジュネーヴ第1条約第19条第2項、第4条約第18条第5項）が、文化財については、武力紛争の際に破壊・損傷を受ける危険がある目的に文化財等を使用しないこと（文化財保護条約第4条第1項）が求められる。

戦時海軍砲撃条約では、無防守都市への砲撃の禁止において、「軍事上ノ工作物、陸海軍建設物、兵器又ハ軍用材料ノ貯蔵所、敵ノ艦隊又ハ軍隊ノ用ニ供セラルヘキ工場及設備並港内ニ在ル軍艦」をその対象から除外している（第2条第1項）。また、ハーグ空戦規則では、「その破壊が交戦者にとって明白な軍事的利益を構成するような目標」を軍事目標として定義し、それへの航空爆撃は適法とした（第24条第1項）。具体的には、軍事力、軍事施設および軍需品の製造工場に加えて、軍事目的に使用される通信・輸送網などを爆撃の対象として挙げている（第24条第2項）。なお、砲爆撃は軍事目標に限定すべきというこのような考えを、軍事目標主義（doctrine of military objectives）という。軍事目標主義が概念的に整理されてきた背景としては、長距離射程を持つ兵器や航空攻撃を行う兵器の発達が考えられる。

リーバー法では、軍事的必要性を、「戦争の目的を成し遂げるために不可欠である、戦争の近代法と慣習に従う適法な手段」が必要であることと規定するが（第14条）、これについて米軍は現在においても変わらないとする[186]。そして、このような理解に立って、軍事目標について2つのカテゴリーを示す。第1

カテゴリーは、軍事力・軍事基地・軍事装備のように常に軍事目標であるものであり、第2カテゴリーは、第1カテゴリーに含まれないものであるが、戦争遂行能力に寄与するものである。第2カテゴリーについては、ジュネーヴ第1追加議定書第52条第2項を引用し、その性質・位置・用途・使用が軍事活動に効果的に資する物であって、その全面的または部分的な破壊・奪取・無効化が、その時点における状況において明確な軍事的利益をもたらすものと定義する。他方、米軍は、民用物を、「敵の戦争遂行能力の維持に用いられないすべての文民の財産・活動」と定義するが[187]、米軍が軍事目標の第2カテゴリーと民用物が相反するものであると整理していることが分かる。

軍事目標については、英軍およびカナダ軍においても同様の整理をしている。英軍では第1カテゴリーとして戦闘員、車両・兵器・弾薬・貯蔵燃料などの軍事装備および軍事施設、第2カテゴリーとして軍需物資や軍事的価値を有するものの生産施設・輸送手段、軍事的に重要な地域および軍事目的に使用される通信施設を挙げている[188]。カナダ軍では、第1カテゴリーとして戦闘員、軍事基地、軍用機、兵器および弾薬など、第2カテゴリーとして軍需物資の輸送システム・生産施設、輸送拠点、鉄道操車場および発電所などを挙げている[189]。

第1カテゴリーはもとより、第2カテゴリーについても、英軍およびカナダ軍が挙げたものは軍事目標として確立している。しかしながら、第2カテゴリーについては、軍需物資や軍事的価値を有するものの製造に必要な原料を生産する施設や、下請

けの産業が含まれるか否かについては判然としていない[190]。もっとも、米軍が軍事目標の第2カテゴリーに適用する戦争遂行能力に寄与するものという概念を用いれば、例えば南北戦争において北軍が南軍領域内の綿花をそうしたように、もっぱら経済的な性質を持つものでも攻撃対象にできることになる[191]。米軍が用いる「戦争遂行」目標（"war sustaining" targets）という概念を明確に受け入れている国はほとんどないが、米軍の国家実行に対する批判はむしろ均衡性原則の適用に係るものである[192]。

　ところで、ジュネーヴ第4条約第33条第1項の「被保護者は、自己が行わない違反行為のために罰せられることはない。集団に科する罰及びすべての脅迫または恐かつによる措置は、禁止する」をもって、武力紛争法においてテロリズムが禁止されているという主張がなされることがある[193]。これまで述べてきたように、文民・民用物に対する敵対行為は禁止されるが、それはジュネーヴ諸条約の成立以前に、武力紛争法の基本原則として形成されてきたものである。第33条第1項で禁止しているのは、ジュネーヴ第4条約の保護対象である「紛争当事国又は占領国の権力内にある者でその紛争当事国又は占領国の国民でないもの」（第4条）、つまり自らの権力内にある者に対する行為である。イスラエル・パレスチナ紛争でいえば、イスラエルの占領地にいるパレスチナ人や、ヨルダン川西岸・ガザの地域A・Bにいるイスラエル人などが対象になる。

第2章　目標区別原則とイスラエル・パレスチナ紛争　119

第3節　均衡性原則の概要

　軍事目標への攻撃がもたらす文民・民用物への損害を付随的損害（collateral damage）というが、付随的損害が攻撃によって得られる軍事的利益より過度になるのを禁止するのが均衡性原則である。攻撃は、均衡性原則が守られるときは適法であり、守られないときは違法である。このとき予測される軍事的利益は、攻撃の一部だけではなく攻撃全般から判断される[194]。均衡性原則は慣習国際法を構成するとされるが[195]、ジュネーヴ第1追加議定書第51条第5項（b）において、「予期される具体的かつ直接的な軍事的利益との比較において、巻き添えによる文民の死亡、文民の傷害、民用物の損傷またはこれらの複合した事態を過度に引き起こすことが予測される攻撃を禁止する」として定式化されている。ジュネーヴ第1追加議定書では、均衡性原則に反する攻撃は無差別攻撃の一形態と捉えられている。なお、付随的損害が適法となる要件は、以前は軍事的必要性のある敵対行為に不可避であることのみであったが[196]、現代では均衡性原則も加えられている[197]。

　米軍では、付随的損害を、「その時点の支配的な状況において適法な軍事目標（military targets）ではない人・物」に対する「故意に基づかない又は偶発的な危害・損害」と定義している[198]。また、カナダ軍では、「文民に対する付随的損害」（collateral civilian damage）という表現を採用しているが、先

に挙げたジュネーヴ第1追加議定書第51条第5項（b）にある「巻き添えによる文民の死亡、文民の傷害、民用物の損傷又はこれらの複合した事態」を用いている[199]。

　もっとも、軍事的利益は攻撃する側の利益であり、付随的損害は攻撃を受ける側の損害であるが、後者が前者と比較して過度でないかどうかについて、攻撃する側と攻撃を受ける側に受け入れ可能な客観的な判断をどのように行うかは大きな問題である。1名の狙撃手を排除するために数百名規模の文民が居住する村落全体を破壊することは均衡性原則の明白な違反であり、村落に砲兵中隊がいるのであればそのような破壊は正当であると例示する見解があるが[200]、これを是とするにしても常にこのような明解な状況ばかりではない。

第4節　軍事目標と均衡性原則の論点

　目標区別原則において軍事目標という概念が占める役割が圧倒的に大きくなったのは、航空機・ミサイルなどによって前線から遠く離れた場所に対する攻撃が可能になったことによる。陸戦における敵対行為は、20世紀初頭までは多くの場合前線にある敵戦力の破壊または土地・拠点の占拠のために行われた。陸戦規則第25条で無防守都市に対する攻撃・砲撃が禁止されたのは、抵抗を受けることなく占領できるので、敵対行為を行う軍事的必要性がないからである。ところが、この状況は20

世紀に入って軍事技術の革新により一変した。攻撃できるが占領できない——したがって、占領の企図に対する防衛や抵抗を要しない——土地・拠点の範囲が飛躍的に広がり、それに対する攻撃をどのように律するかという観点で、武力紛争法が整理されてきたのである。なお、自軍の構成員への危険を小さくしようとする国家・国民の要求が近年特に強くなったことで、武力行使における航空攻撃の役割はますます大きくなり、軍事目標という概念が問われる局面も対応して増えている。

　均衡性原則が形成されてきた背景にも、同じく軍事技術の革新がある。大規模な航空攻撃が文民・民用物に多大な被害をもたらした2度の世界大戦の経験が、武力紛争法のあり方に大きな影響を与えた。軍事的必要性と人道的考慮の両立という武力紛争法の本質からすれば、このような状況においては、以前のように敵対行為に不可避という要件だけで付随的損害を適法とすることはできないのである。

　目標区別原則が遵守されるには、攻撃の対象選定・実行が非常に重要である。英国およびカナダは、軍司令官による攻撃の計画・決定・遂行は「合理的に利用しうる情報の評価」に基づいて行うものであり、事後に明らかになった情報によって判断してはならないとしており[201]、これは国家が示す一般的な見解といえる。もっとも、この解釈は第三者によるものを含む事後の判断を否定するものではなく、その判断の根拠にすべきものを限定しているのである。また、目標区別原則に限らず、武力紛争法全般にいえることであるが、法に反する行為は意図的に

行ったときのみ国際違法行為となり国家責任が問われるわけではない。事実の認定やそれに基づく判断を誤るなど、「相当の注意」(due diligence) を怠ってなされたときも国際違法行為となる[202]。「相当の注意」とは、国際法に配慮して行動する国家が通常払うであろうと期待される程度の注意をいう[203]。

ところで、軍事目標の第2カテゴリーについては、第2節「軍事目標の概要」で述べたとおり、攻撃対象として選定される前に、そもそもそのカテゴリーに属するものとして判断される必要がある。例えば、軍需物資の生産施設が第2カテゴリーであることについてコンセンサスが得られるとして、何が軍需物資なのか、またその物資が実際に生産されているかという点は自明とは限らないのである。もっとも、第2カテゴリーに属するという判断と攻撃対象の選定という2つのプロセスは、実際には同時に行われることが多いと思われる。

前章で述べたように、交戦者資格の要件がもっとも緩い群民兵においても、「公然と武器を携行していること」という条件が必要である。これは、敵対行為を行う権利を持つ戦闘員は、敵によってそのように識別可能であることが求められているのである。つまり、戦闘員は、常に自らが攻撃の対象となることを認識している。第1カテゴリーは常に敵対行為の主体であり客体にもなりうるのである。他方、軍事目標の第2カテゴリーは、敵対行為の主体ではなく、攻撃を受ける側が第2カテゴリーとして常に認識するとも限らないのである。むしろ、先述の攻撃対象の選定方法では、自らの権力内にあるものが軍事目標で

あると敵に推量されないように、攻撃を受ける側が配慮する必要があることになる。軍事目標は当該武力紛争の範囲と目的に基づき可変的とする見解があるが（後述）、このような見解に従えば、何が攻撃対象となるかを攻撃を受ける側が予測できる余地は小さくなり、敵に軍事目標として推量されないためにはどうすればよいかも判断しにくくなる。

攻撃する側の判断が決定的な役割を担うのは、均衡性原則についても同様である。均衡性原則においては、攻撃の結果として予測される文民・民用物への損害の評価が問われるが、これは軍事目標の第2カテゴリーのみならず第1カテゴリーからの攻撃対象の選定にも適用される。さらに、予測される文民・民用物への損害の評価から派生して、攻撃対象の選定に先立つ情報収集がどの程度求められるか——攻撃対象候補の周辺に何があるかを調べることに常に軍事的必要性があるわけではない——、付随的損害を小さくする努力はどこまで求められるか——例えば、低高度からの航空攻撃は高高度からのものより命中精度が高く付随的損害が小さくなりやすいが、迎撃される可能性が高まる——などの様々な論点が惹起される。

現代の武力紛争においては、様々な立場から、武力紛争法の規範性そのものを緩和しようとする考えがしばしば示される。例えば、非人道的な政策を行う国家との武力紛争においては、その政策が国民の意思に基づくとき、武力紛争法によるその国民の保護に疑問を呈するものや[198]、国民の人権を抑圧している国家については、文民にもたらされる損害よりその政権の打倒

が優先されるべきというものがある[205]。これまでも何度も述べてきたとおり、武力紛争法の本質は、軍事的必要性と人道的考慮の両立であり、その内容は過去の武力紛争における国家実行によって確立し、平時においては一般条約として法典化されてきた。これを武力紛争の当事者の一方の解釈や措置によって揺るがすことは、規範に反するだけでなく、当事者の他方による同様の行為を招きかねないものである。軍事目標については、その武力紛争の範囲と目的に基づき可変的とする見解があるが[206]、このような武力紛争法の規範性を緩和しようとする考えと結びつくことで、これまで確立してきた内容を形骸化させるおそれがある。これらの武力紛争法の規範性を弱める考えは、占領への抵抗や自らが信条する大義のためであれば、民間人への敵対行為を肯定する主張と論理的には同じといえる。

第5節　パレスチナの武力行使における目標区別原則の問題

　第1部第4章第3節「イスラエル・パレスチナ紛争の現況」で紹介したように、パレスチナの武力行使は、公人を含む文民・兵員を対象とする。イスラエルは、これらをすべて一括してテロ攻撃と呼んで非難するが、武力紛争法上批判されるのは、文民・民用物に対する敵対行為や、軍事目標に対する敵対行為であって違法な付随的損害をもたらすものなど目標区別原則に反

するものである[207]。

　パレスチナの武力行使の象徴とされる自爆攻撃は、敵対行為を行う者が文民を装うときは交戦者資格に係る武力紛争法違反であり（第1章第6節「パレスチナの武力行使における交戦者資格の問題」を参照）、民間人を攻撃対象とするときは目標区別原則に反する行為となる。これについては、イスラエルに対して軍事的な劣位であることや、「違法で非道徳な占領」への対抗措置であるとして説明する主張があるが[208]、この主張を受け入れることはできない。前者は、武力紛争法上想定されていない軍事力の質的相違を理由とする規範の緩和であり、後者は、「違法で非道徳な占領」という認定が仮に正しかったとしても開戦法規と戦時法規の混同である。もっとも、イスラエルの占領法規違反に対する戦時復仇として、武力紛争法に違反する敵対行為を行いうる余地はあるが、それをもってしても、武力紛争法の基本原則に真っ向から挑戦するこれらの行為が許容されることはないと思われる。

　また、イスラエルの文民を攻撃対象とする理由として、イスラエルが徴兵制をとっていることが挙げられることがある[209]。しかしながら、戦闘員は、戦闘地域から離れ軍務を解かれるときは軍服を脱いで文民になれるのであり、文民であれば当然軍事目標にはならない[210]。過去に戦闘員であった者や将来に戦闘員となる者まで軍事目標とするのは、人道的考慮に反するばかりか、客観的に判断しうる軍事的必要性からも導き出すことはできない。

将来の戦闘員を攻撃対象にできるという論理が認められるのであれば、自爆攻撃が成年男性だけでなく未成年や女性によって行われることを理由に、パレスチナの文民に対する敵対行為を性別年齢にかかわらず正当化しうることになる。イスラエルに対する自爆攻撃も、パレスチナの文民に対する敵対行為もともに厳しく批判されるべきである。

なお、文民・民用物に対する敵対行為については、戦時復仇の手段として認められる余地がある。これは、ジュネーヴ第1追加議定書第51条第6項で禁止されているが、慣習国際法を構成するかは議論があると思われる[211]。武力紛争法の履行を保障する手段として戦時復仇は必要であるが、文民の保護などの基本原則に係る範囲についてそれを認めることは適切ではない。

ところで、パレスチナが文民を攻撃対象とすることについて批判してきたが、軍事目標に対する敵対行為の結果もたらされた文民・民用物への損害については、均衡性原則などに則り個々に評価すべきである。例えば、同様の軍事的効果をもたらす他の兵器がないのであれば、命中精度の低い火器を用いることはそれだけで批判されることではない。

パレスチナは、文民の生命を危険にさらすと知りながら軍事司令部を人口密集地域に置いたり、宗教施設を占拠して聖職者を人質にしたりしていたと批判される[212]。いわゆる「人間の盾」として自らの防衛のためにこれらの文民などを利用することは、武力紛争法の基本原則に反する（次節を参照）。ただし、軍

事目標を「軍事行動の対象とならないようにするため」に、その周辺に文民を配置することは禁止されるものの（ジュネーヴ第1追加議定書第51条第7項）、個々のケースについて常に違法かどうかを判断できるわけではない。それは、均衡性原則が遵守されれば損害を受けないとされる距離について、攻撃する側と攻撃を受ける側で認識が一致する保障がないからである。前節で軍事目標については攻撃を受ける側が配慮する必要がある点を述べたが、同様の問題が起こりうる。

第6節　イスラエルの武力行使における目標区別原則の問題

　イスラエルの武力行使がパレスチナの文民に被害を与えてきたことは、しばしば問題にされており、ときには友好関係にある米国からも批判されることがある。例えば、ハマース軍事部門の司令官が所在していた建物への航空攻撃は多数の文民の負傷者を出したが（2002年7月）[213]、これについてフライシャー米大統領報道官は「文民がいる建物に対して、それを知りながら攻撃を行った」と批判した[214]。確かに、イスラエルの敵対行為には、過度なものがあったと指摘される[215]。
　イスラエルの敵対行為が武力紛争法から見て過度であったかどうかについて、個々の事例ごとに評価を与えることはできないが、全体としては次のようにいえる。

イスラエルの軍事力は、パレスチナと比べて圧倒的に強力である。航空戦力は、パレスチナに対して自由に航空攻撃を行える。陸上戦力は、ヨルダン川西岸・ガザにある軍事力を容易に破壊する能力を持ち、第2次インティファーダにおいては実際に再占領を行っている。他方、パレスチナの軍事力は、射程距離のある兵器といっても迫撃砲やロケット砲程度であり、その劣位は明らかである。また、イスラエルのヨルダン川西岸・ガザとの関係は占領国としての地位に由来するものであり、いったん移譲した権限をその軍事力によって容易に取り戻せることも、イスラエルのパレスチナに対する立場をより強いものにしている。

一般に軍事的に優位にある側は、武力紛争法に反してまで敵に損害を与えようと動機づけられにくく、これはイスラエルの武力紛争法の遵守に正の作用をもたらしている。他方、両者の軍事力の非対称性は、武力紛争法の履行を保障する条件の1つである相互主義が機能するのを阻害している。例えば、イスラエルの攻撃対象の具体的な選定に応じて、パレスチナが同様の基準で臨もうとしても、航空攻撃ではそれは不可能である。軍事目標の第2カテゴリーからの攻撃対象の選定や均衡性原則の適用について、イスラエルが緩い解釈による国家実行を行ったとして、パレスチナは同じ土俵で対抗することができない。このような状況では、攻撃対象の選定においてイスラエルの武力紛争法への配慮は十分なものになりにくい。もっとも、航空攻撃で相互主義が働きにくいのは、イスラエル・パレスチナ紛争

に限らない。航空攻撃には制空権の確保が決定的に重要であり、攻守の立場が同時期に入れ替わることは少ないからである。

　他に、イスラエルの武力行使で問題にされる点として、現に敵対行為を行っていない者を攻撃対象にすることが挙げられる。第1部第4章第3節「イスラエル・パレスチナ紛争の現況」で暗殺作戦を紹介したが、特定の人物を攻撃対象とするこの作戦は、当該人物が現に敵対行為を行っていないときが多い。この点については、武力紛争法からは次のように整理できる。

　特定の人物を殺害することは、その人物が軍事目標であれば目標区別原則に合致し[216]、均衡性原則など他の武力紛争法を遵守したものであれば適法である。

　軍事目標である人間は、戦闘員と違法戦闘員である。戦闘員とは交戦者資格を有する者であり、その要件から他者による見分けが可能である。他方、違法戦闘員は、敵対行為を行っているときは明らかであるが、そうでなければ交戦者資格の要件を満たさないがゆえに、常に他者から識別されるわけではない。敵対行為を行う権利を持つ者が他者によって常にそのように識別されることが要件であるのは、戦闘員と文民を区別するという武力紛争法の基本原則からいって当然である。

　違法戦闘員であるという判断は、「過去又は将来の敵対行為の可能性」だけでなされてはならない[217]。軍事目標も同じであるが、問われるのは「そうである」という客観的な判断である。当然のことながら、その判断は平時に司法手続きでなされるようなものではなく、「合理的に利用しうる情報の評価」に基づ

くものである(第4節「軍事目標と均衡性原則の論点」を参照)。なお、これについては、「過去又は将来の敵対行為の可能性」をもって攻撃対象にできないのであれば、国際テロリストは敵対行為を行う権利と文民としての権利をともに享受できることになるという主張がある[218]。しかしながら、事実ではなく将来の可能性まで持ち出すことは、徴兵制を理由に文民は将来の戦闘員であるとして自爆攻撃を正当化するのと論理的には同様である(前節「パレスチナの武力行使における目標区別原則の問題」を参照)。このような主張は受け入れることはできない。

政治指導者は、軍司令官であるなど軍事機構に組み込まれているときは戦闘員と同じく軍事目標となる[219]。もっとも、政治指導者の殺害は武力紛争法からはこのように整理されるが、一般には武力紛争の激化を招く危険性がある戦略である。なお、イスラエルの占領地において行われる特定の人物の殺害については、目標区別原則よりはむしろ占領法規から判断される必要がある。

ところで、敵対行為そのものではないが、イスラエル軍が批判を受けた手法に、いわゆる「人間の盾」がある。具体的には、建物に偽装爆弾が仕掛けられているかどうかを、自軍兵士の立入りに先立ってパレスチナ文民に調べさせることなどを指す[220]。これについては、人権団体の提訴によって、イスラエル最高裁判所が暫定中間差し止め命令を発していたが(2002年8月18日)、イスラエル軍はこの命令に縛られない「早期警戒」手続き("Early Warning" Procedure)を始めた。これは、パレスチナ

文民の同意を得るなどの要件を定めたものである。

　しかしながら、「早期警戒」手続きについては、兵士と対面している文民に実質的な選択の自由があるとは考えられないとの指摘があり[221]、人権団体はこれを事実上「人間の盾」であるとして引き続き訴えていた。イスラエル最高裁判所は、ジュネーヴ第4条約第51条などの占領法規に違反し、また文民は軍事活動から遠ざけるべきという武力紛争法の基本原則にも反するとして、「早期警戒」手続きを国際法違反とする判決を下した（2005年10月6日）[222]。

第3部

結　論

これまで見てきたように、武力紛争法に違反する行為については、国家責任が生じ、個人の責任を問うものであれば戦争犯罪となる。それらの国際違法行為は個々の事例で判断すべきことであり、「テロリスト」や「国家テロ」によるものとして一括して断罪することはできない。また、自衛権の行使や占領への抵抗を構成するものであっても、違法性が阻却されることはない。これらを踏まえた上で、イスラエル・パレスチナ紛争における両者の武力紛争法の履行状況を概観すれば、次のようになる。

イスラエルの武力行使については、武力紛争法違反は認められるものの、その規範と正面衝突するような国際違法行為を違法と認識しつつ行っているとはいえない。他方、パレスチナの武力行使については、自爆攻撃が示すように、武力紛争法の基本原則に真っ向から挑戦する国際違法行為が含まれている。もっとも、ヨルダン川西岸・ガザへの武力紛争法の適用に係るイスラエル政府の見解は適切なものとはいえず、また、本書の対象ではないが、占領国としての行為には、敵対行為を行ったとの嫌疑をかけたパレスチナ人の家屋を破壊するなど様々な問題点があり[223]、武力紛争法の適用全般についてはパレスチナと比してイスラエルの遵守する姿勢が確認できるわけではない。

両者の第2次インティファーダにおける武力紛争法への対応について、その相違の理由として考えられる点を挙げる。

第1は、イスラエルとパレスチナの体制の相違である。イスラエルは、近代民主主義国家であり、言論の自由や独立した司

法による統制が存在する。イスラエルの占領政策を批判するNGOは公然と活動しており[224)]、また最高裁判所の判決がイスラエル軍の作戦の違法性を判断することもある。これらは、政府に武力紛争法を遵守させる環境を構成する。他方、パレスチナについては、選挙による政権選択が可能となってまだ間もないことなどから、その民主主義体制はまだ十分なものとはいえない。政権交代が実現した点は評価できるが、イスラエルで許されているような内部からの自由な批判の保障を求めるのは困難な状況にある[225)]。もっとも、この点については、そもそもパレスチナが国家ではない上に第2次インティファーダが様々な悪影響をもたらしていることを斟酌する必要がある。

第2は、イスラエルとパレスチナの軍事力の非対称性である。イスラエルの軍事力は、パレスチナと比べて圧倒的に強力である。一般に軍事的に優位にある側は、武力紛争法に反してまで敵に損害を与えようと動機づけられることは少なく、これはイスラエルの武力紛争法の遵守に正の作用をもたらしている。他方、両者の軍事力の非対称性は、武力紛争法の履行を保障する条件の1つである「国際社会において相互主義が機能する条件が揃っていること」を阻害している。

ここで、改めて武力紛争法の履行を保障する条件を挙げる。

① 「紛争当事者が自らの軍隊を統制していること」
② 「人道主義が受け入れられていること」
③ 「国際社会において相互主義が機能する条件が揃ってい

ること」
④ 「戦争犯罪者の処罰の実効化」
⑤ 「世論やマス・メディアの武力紛争に対する関心が高いこと」

　現代において、武力紛争法の秩序に負の影響を与える要因が２つある。第１の要因は、武力紛争に世界観や宗教観を持ち込むことである。本来、武力紛争において、敵は非人間的な存在としてイメージされやすい。武力紛争が世界観や宗教観によって整理されてしまうと、この傾向が先鋭化されて法や人道主義の軽視に一層つながりやすくなる[226]。また、武力紛争法の規範性を弱めようとする思想は常にあるが、これを受け入れる環境が作られやすくなる。これによって、条件②「人道主義が受け入れられていること」は揺さぶられている。

　第２の要因は、軍事技術の向上によって、紛争当事者間の戦力の質量の差が一層広がっていることである。イスラエル・パレスチナ紛争は、これの典型であり、特に航空戦力について顕著である。これによって、先述したように、条件③「国際社会において相互主義が機能する条件が揃っていること」は緩められている。

　このように、イスラエル・パレスチナ紛争における武力紛争法の履行をめぐる状況には、現代の武力紛争法が抱える諸問題がそのまま影を落としている。しかしながら、武力紛争法の履行を保障する条件には、揺らいでいるものがある一方、武力紛

争法の主体次第で確固としたものになったり、現代においてむしろその役割を高めていたりするものがある。前者は条件①「紛争当事者が自らの軍隊を統制していること」で、後者は条件⑤「世論やマス・メディアの武力紛争に対する関心が高いこと」である。

　条件①については、イスラエルは問題ないが、パレスチナはこれを徹底して実行すべきである。党派的な戦闘集団を解体し、ＰＬＯまたは自治政府の下に軍事力を集権的に管理する必要がある。あわせて、パレスチナは武力紛争法を履行する責任があることを強く認識すべきである。条件⑤については、パレスチナだけでなく、両者は、武力紛争法の遵守を求める国際世論について、自らの立場に近いもの以外についても広範に耳を傾けなければならない。

　そして、もっとも基本的なことであるが、両者は、ともに相手が厳然と存在しており、消え去るべきでなければ消え去ることもないことを、十分に認識すべきである。オスロ合意などを通じて相互承認はすでに行われたが、武力紛争が始まってもなおそれは有効である。武力紛争法違反によって文民などに違法な損害がもたらされたときは、それは個々に判断すべきことであり、そのような損害を一括して敵対する相手の責任とすることは、これまで国際法が築いてきた原則に反するものである[227]。

あ と が き

　著者の専門は安全保障であり、その研究対象の中心は大量破壊兵器問題である。他方、イスラエル・パレスチナ紛争は、大学生の頃から漠然としたものではあったが関心を持っており、大学院に入る際には修士論文においてイスラエルの安全保障を取り上げることを決めていた。この2つの関心を両立させるテーマ「中東の大量破壊兵器問題」を研究するために、著者がイスラエルを訪問したのは 2000 年 11 月のことである。ところが、このとき当地で著者を待っていたのは、大量破壊兵器問題とは対照的ともいえる第2次インティファーダであった。予定どおり「中東の大量破壊兵器問題」について関係機関を訪れた著者は、もちろんこの武力紛争とは無縁であった。しかしながら、第2次インティファーダが安全保障上の重要な研究課題であることは理解しながら、その時点では著者はこれをどのように評価するかその術を持たなかった。それから7年間が経過し、今般刊行する本書は、著者の問題設定によるその評価である。もっとも、本書が採用した方法は、第2次インティファーダを研究する際の多々あるアプローチの1つに過ぎないことを付言する。

　本書の執筆に際して、著者が安全保障およびイスラエル・パ

レスチナ紛争の研究を進めるにあたり御世話になった4名の方にこの場を借りて感謝の意を表したい。国立国会図書館調査及び立法考査局の亀野邁夫元専門調査員と同局の等雄一郎外交防衛課長によって、著者は安全保障の世界に入ることになった。渡邊昭夫東京大学名誉教授には青山学院大学大学院で修士論文の指導を受け、立山良司防衛大学校教授には同大学院でイスラエル・パレスチナ紛争について教授して頂いた。

　また、本書の刊行をお引き受けくださった大学教育出版の佐藤代表取締役、編集をご担当頂いた安田さんにも御礼を申し上げたい。

2008年1月

松山 健二

注

1) Ze'ev Schiff, *A History of the Israeli Army: 1874 to the Present* (New York: Macmillan Publishing Company, 1985), pp.164-165.
2) 横田勇人『パレスチナ紛争史』(集英社、2004 年) 179 頁。
3) Raphael Perl, "Terrorism and National Security: Issues and Trends," *CRS Issue Brief for Congress,* IB10119 (Updated, September 8, 2005), p.5
 <http://fpc.state.gov/documents/organization/54249.pdf>, accessed on December 13, 2005.
4) Charles Townshend, *Terrorism: A Very Short Introduction* (Oxford: Oxford University Press, 2002), p.3.
5) Israel, *Written Statement of the Government of Israel on Jurisdiction and Propriety: Request for an Advisory Opinion from the 10th Emergency Special Session of the United Nations General Assembly on "the legal consequences arising from the construction of the wall being built by Israel"*, January 30 2004, para.3.65 <http://www.icj-cij.org/docket/files/131/1579.pdf>, accessed on May 23, 2007.
6) イスラエルによるいわゆる分離壁建設および国際司法裁判所のこの件に係る勧告的意見についてはいくつか文献があるが、その概要については次を参照されたい。
 薬師寺公夫「国際人権法とジュネーヴ法の時間的・場所的・人的適用範囲の重複とその問題点」(第 2 章第 6 節) 村瀬信也 真山全『武力紛争の国際法』(東信堂、2004 年)。
7) UN Doc. A/ES-10/PV.21 (20 October 2003), p.8.
8) UN Doc. A/ES-10/1 (April 22, 1997).
9) テロリズムと武力紛争法の関係全般を扱った文献はいくつかあるが、全般的に論じたものとして次の文献がある。
 Hans-Peter Gasser, "Acts of Terror, "Terrorism" and International

Humanitarian Law," *International Review of the Red Cross*, Vol.84, No.847 (September 2002)

<http://www.icrc.org/Web/eng/siteeng0.nsf/htmlall/5FLCCX/$File/irrc_847_Gasser.pdf>, Accessed on February 26, 2007.

10) 民族解放闘争という観点で武力紛争法とイスラエル・パレスチナ紛争を扱ったものとして次の文献がある。

桐山孝信「民族解放闘争における武力紛争法の役割―パレスチナ紛争を素材にして」(第2章第2節) 村瀬 真山『武力紛争の国際法』。

11) ハイム・グラノット ジェイ・レビンソン著 滝川義人訳『イスラエル式テロ対処マニュアル』(並木書房、2004年) 28-29頁。

12) 田岡良一『国際法Ⅲ』新版 (有斐閣、1973年) 351頁。

13) 国際法と国内法の法的・理論的関係がどのようなものか、どちらが優位であるか、という点については、国際法と国内法の両方から考えることができる。もっとも国内法からの議論は、各国の国内法に規定されるので、それらを一様に扱うことはできない。本書では、本書の扱う対象に応じて、国際法と国内法の関係について論及する。

14) ジョージ・W・ブッシュ (George W. Bush) 政権以降、米国は国際法を軽視する傾向が強くなったと指摘されるが、国際法から逸脱した行為を行っていると表明しているわけではない。例えば、2003年3月に開始したイラクに対する武力攻撃は、国際法上はその根拠を関連する国連安保理決議に求めることができるとしている。

Raymond W. Copson, Coordinator, "Iraq War: Background and Issues Overview," *Report for Congress*, RL31715 (Updated April 22, 2003), pp.40-43

<http://fpc.state.gov/documents/organization/19854.pdf>, accessed on September 22, 2006.

15) 篠原梓「国際法定立における国家の同意の役割―黙示同意の推定からコントラクティング・アウトへ―」『亜細亜大学国際関係紀要』13巻2号 (2004年3月) 19頁。

16) W. Michael Reisman and James E. Baker, *Regulating Covert*

Action: Practices, Contexts, and Policies of Covert Coercion Abroad in International and American Law (New Haven: Yale University Press, 1992), p.18.

17) 本書最後部に参考文献を挙げているが、そこにある米国、英国、カナダの軍資料には、武力紛争法についての各々の国の解釈が盛り込まれている。必要に応じて本文で参照する。

18) Reisman and Baker, *Regulating Covert Action,* p.18.

19) 国際法学会編『国際関係法辞典』第2版(三省堂、2005年)286-287頁。

20) 国際司法裁判所の判決の拘束力に関する見解の一例として、日本政府のものを次に挙げる。

東郷和彦外務省条約局長(当時)の発言。「ＩＣＪの判決というものは、当事国間において、それからかつ当該事件に関してのみ拘束力を有するということで、いわゆる先例拘束の原則は採用されていないというふうに解しております。」第143回国会衆議院外務委員会議録第4号 平成10年9月18日 14-15頁。

高村正彦外務大臣(当時)の発言。「政府としては、国際社会における主要な司法機関であるＩＣＪ、国際司法裁判所の判決は厳粛に受けとめておりますが、その判決の具体的内容につきましては、それぞれの論点について個別の事件の文脈に照らして理解すべきものであると考えております。」第145回国会衆議院日米防衛協力のための指針に関する特別委員会議録第10号 平成11年4月22日 5頁。

21) Derek I. Grimes, ed., *Operational Law Handbook (2005)* (Charlottesville: The Judge Advocate General's Legal Center and School, 2005), p.12
<http://sja.hqmc.usmc.mil/jao/sources/Files/OpLaw% 20Handbook% 2005% 20PDF.pdf>, accessed on February 4, 2005.

22) 筒井若水編『国際法辞典』(有斐閣、1998年) 224頁。

23) 国際法学会編『国際関係法辞典』560-61頁。

24) 同上、835-836頁。

25) 同上、753頁。

26) Reisman and Baker, *Regulating Covert Action*, p.90. 安全保障の文脈では、国際法上の違法性の有無を問うことなく、報復（retaliation）という用語がしばしば使用される。

27) Gerald L. Neuman, "Humanitarian Law and Counterterrorist Force," *European Journal of International Law*, Vol.14, No.2 (April 2003), pp.284-285.

28) Emanuela-Chiara Gillard, "Reparation for Violations of International Humanitarian Law," *International Review of the Red Cross*, Vol. 85, No. 851 (September 2003), pp.530-532.
<http://www.icrc.org/Web/eng/siteeng0.nsf/htmlall/5SRLFZ/$File/irrc_851_Gillard.pdf>, accessed on November 11, 2005.

29) Ibid., pp.531-532.

30) 国際法学会編『国際関係法辞典』707 頁。

31) Gillard, "Reparation for Violations of International Humanitarian Law," pp.535-537.

32) これらの2つの言葉はラテン語である。その古典的表記では "ius ad bellum" と "ius in bello" となるが、中世に導入された "j" を用いて、"jus ad bellum" と "jus in bello" と表記されることが多い。本書でも、慣例に従う。小林標『ラテン語の世界』（中央公論新社、2006 年）16-17 頁。

33) 条約当事国が、ここでいう「事前ノ通告」をすることなく敵対行為を行った場合、戦争は開始されなかったことになるわけではなく、開戦の手続きにおいて国際違法行為があったことになる。

34) 高野雄一『国際法概論（下）』全訂新版（弘文堂、1986 年）311-312 頁。

35) 本書で不戦条約を引用するときは、公定訳（昭和 4 年条約第 1 号）による。ただし、旧字体は新字体に替えた。

36) Yoram Dinstein, *War, Aggression and Self-Defence*, 3rd ed. (Cambridge: Cambridge University Press, 2001), pp.78-80.

37) 本書で国連憲章を引用するときは、公定訳（昭和 31 年条約第 26 号）による。

38) International Court of Justice, *Case concerning Military and Paramilitary Activities in and against Nicaragua (Nicaragua v. United States)* (June 27, 1986), para.176, *International Legal Materials,* Vol.25, No.5 (September 1986), p.1063.
39) Reisman and Baker, *Regulating Covert Action,* pp.90-91.
40) 田岡『国際法Ⅲ』132-134頁。また、実際の展開としては、常任理事国が拒否権を持つことも機能不全の要因の1つとなっている。
41) ICJ, *Nicaragua v. United States,* para.292. この判決が専ら米国の行為を慣習国際法に沿うかどうかという観点で判断しているのは、国際司法裁判所の強制管轄受諾において、米国が多数国間条約を除外しているからである。
42) Grimes, ed., *Operational Law Handbook,* pp.12-15; United Kingdom, Ministry of Defence, *The Manual of the Law of Armed Conflict* (Oxford: Oxford University Press, 2004), pp.21-26.
43) Canada, Office of the Judge Advocate General, *The Law of Armed Conflict at the Operational and Tactical Levels,* B-GJ-005-104/FP-021 (2003), pp.2-1, 2-2, 2-3
<http://www.forces.gc.ca/jag/training/publications/law_of_armed_conflict/loac_2004_e.pdf>, accessed on November 8, 2005.
44) Grimes, ed., *Operational Law Handbook,* p.12.
45) Canada, *Law of Armed Conflict,* p.2-2.
46) 田岡『国際法Ⅲ』307-310頁。
47) Canada, *Law of Armed Conflict,* p.2-1.
48) Christopher Greenwood, "Historical Development and Legal Basis," Chap.1 in *The Handbook of Humanitarian Law in Armed Conflicts,* ed. Dieter Fleck (1995; repr., Oxford: Oxford University Press, 2004), pp.7-8.
49) International Court of Justice, *Advisory Opinion on the Legality of the Threat or Use of Nuclear Weapons* (July 8, 1996), para.78, *International Legal Materials,* Vol.35, No.4 (July 1996), p.827.

50) Geoffrey Parker, "Early Modern Europe," Chap.4 in *The Laws of War: Constraints on Warfare in the Western World,* eds. Michael Howard, George J. Andreopoulos and Mark R. Shulman (New Haven: Yale University Press, 1994), pp.41-42.
51) Greenwood, "Historical Development and Legal Basis," p.14.
52) Gordon A. Craig and Alexander L. George, *Force and Statecraft: Diplomatic Problems of Our Time,* 3rd ed. (New York: Oxford University Press, 1995), pp.19-20.
53) Parker, "Early Modern Europe," pp.52-53.
54) Gunther Rothenberg, "The Age of Napoleon," Chap.6 in Howard, Andreopoulos and Shulman, *The Laws of War: Constraints on Warfare in the Western World,* p.92.
55) Canada, Office of the Judge Advocate General, *Collection of Documents on the Law of Armed Conflict,* 2005 ed. B-GG-005-027/AF-022 (2005), p.2
 <http://www.forces.gc.ca/jag/training/publications/law_of_armed_conflict/collection_of_docs_on_loac_2005_en.pdf >, accessed on November 8, 2005.
56) Adam Roberts and Richard Guelff, eds., *Documents on the Laws of War,* 3rd ed. (2000; repr., Oxford: Oxford University Press, 2004), pp.12-13.
57) Parker, "Early Modern Europe," pp.53-55.
58) Craig and George, *Force and Statecraft,* p.20.
59) 当該行為が国際法上の権利義務にかからなければ、一般的な意味での相互主義といえる。
60) Canada, *Law of Armed Conflict,* p.2-3.
61) Rothenberg, "Age of Napoleon," p.88.
62) Ibid., p.90.
63) Neuman, "Humanitarian Law and Counterterrorist Force," p.284.
64) Adam Roberts, "The Laws of War in the War on Terror," *Israel*

Yearbook on Human Rights, Vol.32 (2002), pp.197-198.

65) Grimes, ed., *Operational Law Handbook,* p.12.

66) 例えば、「核使用の合法性に関する勧告的意見」。ICJ, *Legality of the Threat or Use of Nuclear Weapons,* para.79-82.

67) 「本条約ハ正式ニ批准セラレタル上締約国間ノ関係ニ於テハ」、旧条約に「代ルヘキモノトス」とある（第4条）。なお、本書でハーグ陸戦法規および陸戦規則を引用するときは、公定訳（明治45年条約第4号）による。ただし、旧字体は新字体に替えた。

68) 民用物とは、ジュネーヴ第1追加議定書にある"civilian objects"の公定訳における訳語である。ジュネーヴ第4条約では、被保護者の「財産」(property) という表現をしている。なお、本書でジュネーヴ諸条約およびジュネーヴ第1追加議定書を引用するときは、それぞれ公定訳（前者は昭和28年条約第23-26号、後者は平成16年条約第12号）による。

69) 公定訳（昭和58年条約第12号）による。

70) Grimes, ed., *Operational Law Handbook,* pp.15-16.

71) U.S. Department of Defense, Department of Defense Directive, No. 5100.77 (December 9, 1998), p.2
<http://www.dtic.mil/whs/directives/corres/pdf/d510077_120998/d510077p.pdf>, accessed on October 28, 2005.

72) 高野『国際法概論（下）』471-472頁。

73) United Kingdom, *Manual of the Law of Armed Conflict,* pp.425-427.

74) 藤田久一『新版 国際人道法』増補（有信堂高文社、2000年196-197頁。

75) Grimes, ed., *Operational Law Handbook,* pp.34-35.

76) Michael Bothe, "Legal Restraints on Targeting: Protection of Civilian Population and the Changing Faces of Modern Conflicts," *Israel Yearbook on Human Rights,* Vol.31 (2001), p.47.

77) "belligerent reprisal" という概念は、武力紛争法違反に係る復仇全般を指すのではなく、交戦者資格を有さない者が行う敵対行

為（＝武力紛争法違反）への対抗措置を指すとするものもある。Ingrid Detter, *The Law of War,* 2nd ed. (Cambridge: Cambridge University Press, 2000), pp.299-300.

78) Yoram Dinstein, *The Conduct of Hostilities under the Law of International Armed Conflict* (Cambridge: Cambridge University Press, 2004), p.221.
79) 藤田『国際人道法』192-193 頁 注 6 。
80) Dinstein, *Conduct of Hostilities,* p.221.
81) Grimes, ed., *Operational Law Handbook,* p.25.
82) Canada, *Law of Armed Conflict,* p.15-2.
83) 田岡『国際法Ⅲ』352-355 頁。
84) 日本の公定訳では、正文にある"reprisals"という用語に、第 1 条約および第 2 条約では「報復的措置」、第 3 条約では「報復措置」、第 4 条約では「報復」と異なる言葉を当てている。"reprisals"は国際法上の概念としては「復仇」という訳語で定着しており、ジュネーヴ第 1 追加議定書でも「復仇」を当てている。
85) Grimes, ed., *Operational Law Handbook,* p.15.
86) 米国は、この条項を、占領国は個人の違反行為を受けて全住民に対する集団的な罰を与えてはならないというように解している。Ibid.,p.31. 確かに、ジュネーヴ第 4 条約が保護する対象は、本文で先に紹介したように紛争当事国又は占領国の権力内にあって、その国民でないものであり、ジュネーヴ第 1 追加議定書第 51 条第 6 項で禁止される戦時復仇は専ら権力内に陥っていない文民・民用物を対象としており、重なることはないと思われる。
87) Dinstein, *Conduct of Hostilities,* pp.222-226.
88) 田岡『国際法Ⅲ』354-355 頁。
89) 同上、342-352 頁。
90) Canada, *Law of Armed Conflict, p.2-1;* Detter, *Law of War,* pp.396-398.
91) Michael Walzer, *Just and Unjust Wars: A Moral Argument with*

Historical Illustrations, 3rd ed. (New York: Basic Books, 2000), pp.255-263.

92) ICJ, *Legality of the Threat or Use of Nuclear Weapons*, para.105.

93) イスラエル・パレスチナ紛争の歴史を扱った文献は多々ある。国連総会決議181（Ⅱ）に至る経緯については、次の文献を参照されたい。立山良司『イスラエルとパレスチナ』（中央公論社、1989年）。阿部俊哉『パレスチナ 紛争と最終的地位問題の歴史』（ミネルヴァ書房、2004年）。

94) Benny Morris, *Righteous Victims: A History of the Zionist-Arab Conflict, 1881-2001* (New York: Vintage Books, 2001), pp.97-99.

95) 阿部『パレスチナ』50-53頁。

96) 自己犠牲者を意味するアラビア語である。Morris, *Righteous Victims*, p.270.

97) Schiff, *History of the Israeli Army*, pp.68-85.

98) 第4次中東戦争後に派遣された国連緊急軍と区別するために、UNEFIと通称される。

99) 阿部『パレスチナ』59、68頁 注16。

100) Israel, *Disputed Territories: Forgotten Facts about the West Bank and Gaza Strip*, p.16
<http://securityfence.mfa.gov.il/mfm/Data/45872.pdf>, accessed on September 7, 2004.

101) Israel Tal, *National Security: The Israeli Experience*, trans. Martin Kett (Westport: Praeger Publishers, 2000), pp.154-155; Chaim Herzog, *The Arab-Israeli Wars: War and Peace in the Middle East* (New York: Vintage Books, 1984), pp.202-207.

102) ヨルダンが、国内で強力な政治・武装組織となったPLOの存在を嫌い、武力によって追放した。これを、「黒い9月」事件という。以後、PLOはレバノンに活動の拠点を移す。

103) Herzog, *Arab-Israeli Wars*, p.327.

104) 「テロの拠点」に対する攻撃は、国際法上禁止されている武力復仇に

該当すると非難されることがあるが、イスラエルは自衛権の行使であり適法と主張している。William V. O'Brien, *Law and Morality in Israel's War with the PLO* (New York: Routledge, 1991), pp.112-114.

105) Morris, *Righteous Victims*, p.561.
106) Menachem Hofnung, *Democracy, Law and National Security in Israel* (Aldershot: Dartmouth Publishing Company, 1996), pp.239-240.「イスラエルの地」はヨルダン川西岸および東岸を指す。"Eretz Israel" は、「イスラエルの地」を意味するヘブライ語の言葉をアルファベットで表記したものである。
107) Declaration of Principles on Interim Self-Government Arrangements. この締結に先立って、ノルウェーのオスロで秘密交渉が行われていたことから、このように呼ばれている。
108) 第1条では、併せて「選挙で選出される評議会」(the elected Council) の設立も規定する。なお、オスロⅡでは、その略称としてパレスチナ評議会 (the Palestinian Council) という表現も用いている。
109) Agreement on the Gaza Strip and the Jericho Area. ガザ・エリコ合意とも呼ばれる。
110) パレスチナ自治政府の選出にエルサレムのパレスチナ住民が関与することは、オスロ合意の附属議定書Ⅰ第1項などで規定されている。
111) 「原則宣言」およびオスロⅡで規定された評議会（パレスチナ評議会）の実際の名称である。
112) Clyde R. Mark, "Israeli-United States Relations," *CRS Issue Brief for Congress,* IB82008 (updated, April 28, 2005), p.8 <http://fpc.state.gov/documents/organization/47089.pdf>, accessed on November 21, 2006.
113) Israeli-Palestinian Interim Agreement on the West Bank and the Gaza Strip. 暫定自治拡大合意ともいう。
114) 両合意の通称は、それぞれ調印された場所に由来する。ワイ・リバーは米国にあり、シャルム・エル・シェイクはエジプトにある。

シャルム・エル・シェイク合意は、ワイ・リバー合意Ⅱまたは修正ワイ・リバー合意ともいう。

115) "Ra'ees" とは、アラビア語で「長」を意味する。英文では大統領（President）と表記されることが多い。阿部『パレスチナ』139頁注39。

116) *Sharm El-Sheikh Fact-Finding Committee Report,* April 30, 2001 <http://www.state.gov/p/nea/rls/rpt/3060.htm>, accessed on February 1, 2007. この委員会は、2000年9月に始まったイスラエルとパレスチナ間の武力衝突の事実調査と再発防止のために設置されたものである。エジプトのシャルム・エル・シェイクで開催された中東和平会議において、米国が会議参加者を代表してその設置を提唱した。ジョージ・J・ミッチェル（George J. Mitchell）元米上院議員を委員長とし、ハビエル・ソラナ（Javier Solana）EU共通外交・安全保障政策上級代表ほか3名で構成された。

117) Kenneth Katzman, "The PLO and Its Factions," *CRS Report for Congress,* RS21235 (June 10, 2002), pp.3-5
<http://fpc.state.gov/documents/organization/11562.pdf>, accessed on November 27, 2006.

118) Human Rights Watch, *Erased in A Moment: Suicide Bombing Attacks against Israeli Civilians,* October 2002, pp.87-89
<http://www.hrw.org/reports/2002/isrl-pa/ISRAELPA1002.pdf>, accessed on September 2, 2004.

119) Gal Luft, "The Palestinian H-Bomb: Terror's Winning Strategy," *Foreign Affairs,* Vol.81, No.4 (July/August 2002), pp.2-5.

120) 立山良司「中東和平プロセスの危機とイスラエル政治」（第1章）日本国際問題研究所『イスラエル内政に関する多角的研究』平成13年度外務省委託研究報告書（2002年）1-2頁。

121) Israel, Supreme Court, *Beit Sourik Village Council v. The Government of Israel,* HCJ 2056/04 (June 30, 2004), para.1
<http://securityfence.mfa.gov.il/mfm/Data/55414.pdf>, accessed

on September 7, 2004.
122) UN Doc. A/ES-10/PV.20 (19 September 2003), pp.3-4.
123) 第10回国連緊急特別総会の第16回会合(2002年5月7日)における、パレスチナのアル・キドワ代表の発言。UN Doc. A/ES-10/PV.16 (7 May 2002), p.4.
124) B'TSELEM公表の統計から作成した。
<http://www.btselem.org/English/Statistics/Casualties.asp>, accessed on September 15, 2006.
125) Morris, *Righteous Victims*, p.668.
126) 国際連盟規約第22条第2項は、「人民ニ対スル後見ノ任務」を「責任ヲ引受クルニ適シ且之ヲ受諾スルモノニ委任」し、これをもって「聯盟ニ代リ受任国」とする旨規定している。第1次世界大戦の戦勝国が、パレスチナを含めた敗戦国の旧領の委任統治国となったことは、戦勝国による戦敗国の領土分割を当時の国際法によって正当化したものである。
127) Yoram Dinstein, "The International Legal Dimensions of the Arab-Israeli Conflict," in *Israel among the Nations: International and Comparative Law Perspectives on Israel's 50th Anniversary*, eds. Alfred E. Kellermann, Kurt Siehr and Talia Einhorn (The Hague: Kluwer Law International, 1998), pp.148-149.
128) Israel, *Disputed Territories*, p.5.
129) Ibid., p.16.
130) Ibid., pp.16-17.
131) 荒木教夫「イスラエル占領地域の国際法上の地位」『外交時報』1305号(1994年2月)78-79頁。
132) Mitchell G. Bard, *Myths and Facts: A Guide to the Arab-Israeli Conflict* (Chevy Chase: American-Israeli Cooperative Enterprise, 2002), pp.66-67.
133) Hofnung, *Democracy, Law and National Security in Israel*, p.219.
134) Dinstein, *War, Aggression and Self-Defence*, pp.98-99.

135) Dinstein, "International Legal Dimensions of the Arab-Israeli Conflict," pp.153-154. この論文では、グリーン・ラインよりイスラエルに有利な国境線が、イスラエル・パレスチナの合意に基づいて確定しうるとしているが、反対の想定――つまり、イスラエルに不利な国境線――についても同様のことがいえる。

136) Shlomo Gazit, *Trapped Fools: Thirty Years of Israeli Policy in the Territories* (London: Frank Cass, 2003), pp.244-248.

137) Israel, *Disputed Territories*, p.5.

138) Israel, Supreme Court, *Ajuri v. IDF Commander*, HCJ 7015/02, HCJ 7019/02 (September 3, 2002), Judgment, para.13 <http://elyon1.court.gov.il/files_eng/02/150/070/a15/02070150.a15.pdf> accessed on April 17, 2006.

139) Ibid., para.13.

140) ヤアコヴ・シムション・シャピーラ (Yaakov Shimshon Shapira) 法相の発言。David Kretzmer, *The Occupation of Justice: The Supreme Court of Israel and the Occupied Territories* (Albany: State University of New York Press, 2002), pp.32-33, 206 n.6.

141) Dinstein, "International Legal Dimensions of the Arab-Israeli Conflict," pp.150-152.

142) Mazen Qupty, "The Application of International Law in the Occupied Territories as Reflected in the Judgments of the High Court of Justice in Israel," Chap.2 in *International Law and the Administration of Occupied Territories: Two Decades of Israeli Occupation of the West Bank and Gaza Strip*, ed. Emma Playfair (1992; repr., Oxford: Oxford University Press, 2003), pp.101-102.

143) 著者と同じ見解を示したものとして次の文献がある。Adam Roberts, "Prolonged Military Occupation: The Israeli-Occupied Territories 1967-1988," Chap.1 in Playfair, *International Law and the Administration of Occupied Territories*, pp.46-47.

144) Kretzmer, *Occupation of Justice*, p.34.

145) Israel, Supreme Court, *Ajuri v. IDF Commander,* para.13.
146) Roberts, "Prolonged Military Occupation," pp.48-49.
147) これは、両者が自決できる民族であることを、相互に認めたものであるとも解しうる。Dinstein, "International Legal Dimensions of the Arab-Israeli Conflict," pp.148-149.
148) Eyal Benvenisti, "The Israeli-Palestinian Declaration of Principles: A Framework for Future Settlement," *European Journal of International Law,* vol.4, no.4 (1993), p.545
 <http://www.ejil.org/journal/Vol4/No4/art5.pdf>, accessed on November 29, 2006.
149) Dinstein, "International Legal Dimensions of the Arab-Israeli Conflict," pp.152-153.
150) Israel, *Written Statement of the Government,* para.2.25.
151) O'brien, Law and Morality, pp.112-114.
152) UN Doc. A/ES-10/PV.16 (7 May 2002), p.18.
153) Ibid., p.6.
154) Dinstein, *Conduct of Hostilities,* pp.29-31.
155) Grimes, ed., *Operational Law Handbook,* pp.15-16.
156) ブリュッセル宣言は通称であり、陸戦の法規慣例に関する列国宣言案（Project of an International Declaration concerning the Laws and Customs of War）という名称である。
157) 第11条では、交戦当事国の軍は戦闘員および非戦闘員によって構成され、いずれも捕らえられたときは捕虜となる権利を有することを規定している。ここでいう非戦闘員とは敵対行為に従事することなく軍に同行する者であり、本書の対象とするところではない。
158) 有賀長雄『戰時國際公法』（早稻田大學出版部、1904年）152-160頁。「国立国会図書館 近代デジタルライブラリー」
 <http://kindai.ndl.go.jp/index.html> accessed on February 8, 2007.
159) Greenwood, "Historical Development and Legal Basis," p.29.
160) 藤田『国際人道法』85頁。

161) 信夫淳平『戰時國際法講義』第2巻（丸善、1941年）71-72頁。
162) Frits Kalshoven and Liesbeth Zegveld, *Constraints on the Waging of War: An Introduction to International Humanitarian Law* (Geneva: International Committee of the Red Cross, 2001), p.28 <http://www.icrc.org/Web/Eng/siteeng0.nsf/htmlall/p0793/$File/ICRC_002_0793.PDF!Open> accessed on February 26, 2007.
163) U.S. Joint Chiefs of Staff, *Department of Defense Dictionary of Military and Associated Terms*, Joint Publication 1-02 (April 12, 2001 (As Amended through November 30, 2004)), p.45 <http://www.dtic.mil/doctrine/jel/new_pubs/jp1_02.pdf>, accessed on May 18, 2005.
164) Roberts, "Laws of War," pp.226-227.
165) Dinstein, *Conduct of Hostilities*, p.36.
166) Ibid., pp.43-44.
167) 有賀『戰時國際公法』146頁。
168) Detter, *Law of War*, p.139.
169) 信夫『戰時國際法講義』第2巻、55-56頁。
170) Dinstein, *Conduct of Hostilities*, pp.41-42.
171) Toni Pfanner, "Military uniforms and the law of war," *International Review of the Red Cross*, Vol. 86, No.853 (March 2004), pp.116-117 <http://www.icrc.org/Web/eng/siteeng0.nsf/htmlall/5ZBE5X/$File/IRRC_853_Pfanner.pdf>, accessed on November 10, 2005.
172) 信夫『戰時國際法講義』第2巻、54頁。
173) Dinstein, *Conduct of Hostilities*, p.37. 信夫『戰時國際法講義』第2巻、54-55頁。
174) Dinstein, *Conduct of Hostilities*, pp.37-38.
175) James F. Dunnigan, *How to Make War: A Comprehensive Guide to Modern Warfare for the Post-Cold Era*, 3rd ed. (New York: William Morrow, 1993), pp.64-65.

176) 次の資料によれば、地域Aにおけるある軍事作戦について、イスラエル軍は、自らに対する脅威ではない者——非武装の者を含む——への敵対行為を行ったとする批判に対して、対象は武装したパレスチナ人であったと反論している。これは、イスラエル軍にとって条件②が確認できる状況があったことを示す例である。B'TSELEM, "Excessive Force: Human Rights Violations during IDF Actions in Area A," Information Sheet, December 2001, pp.27-32, 48 <http://www.btselem.org/Download/200112_Excessive_Force_Eng.pdf>, accessed on April 11, 2007.

177) Morris, *Righteous Victims,* p.664.

178) UN Doc. A/ES-10/PV.16 (7 May 2002), pp.17-18.

179) Knut Ipsen, "Combatants and Non-Combatants," Chap.3 in Fleck, *The Handbook of Humanitarian Law in Armed Conflicts,* pp.79-80.

180) Dinstein, *Conduct of Hostilities,* pp.40-41.

181) Grimes, ed., *Operational Law Handbook,* p.14.

182) 城戸正彦『戦争と国際法』改訂版(嵯峨野書院、1996年)172頁。

183) 本書で戦時海軍砲撃条約を引用するときは、公定訳(明治45年条約第9号)による。ただし、旧字体は新字体に替えた。

184) 田岡『国際法Ⅲ』349-350頁。同書では、第26条の規定にある予告は、重大な軍事的不利益を生じさせてまでも行う義務があるものではないと解釈している。

185) Grimes, ed., *Operational Law Handbook,* p.22.

186) Ibid., p.21.

187) U.S. Joint Chiefs of Staff, *Joint Doctrine for Targeting,* Joint Publication 3-60 (January 17, 2002), p.A-2. <http://www.dtic.mil/doctrine/jel/new_pubs/jp3_60.pdf>, accessed on May 18, 2005.

188) United Kingdom, *Manual of the Law of Armed Conflict,* pp.55-57.

189) Canada, *Law of Armed Conflict,* pp.4-1, 4-2, 4-3. なお、カナダ国防軍資料においては、軍事目標に戦闘員を含めておらず、戦闘員を独

立したカテゴリーとして整理している。ここでは、攻撃の目標として武力紛争法上適法なのは、軍事目標および戦闘員となる。

190) Stefan Oeter, "Methods and Means of Combat," Chap.4 in Fleck, *The Handbook of Humanitarian Law in Armed Conflicts*, p.161.

191) Dinstein, *Conduct of Hostilities*, p.87.

192) Michael N. Schmitt, "Targeting and Humanitarian Law: Current Issues," *Israel Yearbook on Human Rights*, Vol.34 (2004), pp.69-71.

193) Richard J. Erickson, *Legitimate Use of Military Force against State-Sponsored International Terrorism* (1989; repr., Honolulu: University Press of the Pacific, 2002), p.77.

194) United Kingdom, *Manual of the Law of Armed Conflict*, p.87 n.214.

195) Dinstein, *Conduct of Hostilities*, pp.119-120.

196) 一例としてリーバー法第15条。

197) Oeter, "Methods and Means of Combat," pp.172-173.

198) U.S., *Dictionary of Military and Associated Terms*, p.93.

199) Canada, *Law of Armed Conflict*, p.4-3.

200) Dinstein, *Conduct of Hostilities*, pp.122-123.

201) United Kingdom, *Manual of the Law of Armed Conflict*, p.55 n.17; Canada, *Documents on the Law of Armed Conflict*, p.139.

202) Bothe, "Legal Restraints on Targeting," pp.45-47. このような場合の国際違法行為が、戦争犯罪となるかについては議論がある。

203) 国際法学会編『国際関係法辞典』562-563頁。

204) Charles J. Dunlap, Jr., "Law and Military Interventions: Preserving Humanitarian Values in 21st Century Conflicts," working paper, The Carr Center for Human Rights Policy, John F. Kennedy School of Government, Harvard University, November 29-30, 2001 <http://www.ksg.harvard.edu/cchrpWeb% 20Working% 20Papers/Use% 20of% 20Force/Dunlap2001.pdf>, accessed on September 13, 2006.

205) Bothe, "Legal Restraints on Targeting," pp.41-43.

206) Schmitt, "Targeting and Humanitarian Law," pp.70-71. 敵領域の占領より敵に自らの意思を強制することに焦点が置かれる武力紛争においては、軍事目標の第2カテゴリーから攻撃対象を選択する方が攻撃する側にとって魅力的であるともいう。

207) 次の資料は、イスラエル軍が自軍に対する脅威の有無にかかわらず、武装したすべてのパレスチナ人を攻撃対象としている例を挙げている。これは、第2次インティファーダにおいてイスラエルが武力紛争法に基づく交戦規則を採用していることを示すとともに、パレスチナが同様の措置を執ることの妥当性を明らかにしている。B'TSELEM, "Excessive Force," p.27.

208) Ali Abunimah, "On Violence and the Intifada," in *Live from Palestine: International and Palestinian Direct Action against the Israeli Occupation,* eds. Nancy Stohlman and Laurieann Aladin (Cambridge: South End Press, 2003), p.58.

209) Youssef H. Aboul-Enein and Sherifa Zuhur, "Islamic Rulings on Warfare," Strategic Studies Institute, October 2004, p.23
<http://www.strategicstudiesinstitute.army.mil/pdffiles/PUB588.pdf>, accessed on November 16, 2005.

210) United Kingdom, *Manual of the Law of Armed Conflict,* p.42 n.21; Antonio Cassese, "Expert Opinion on Whether Israel's Targeted Killings of Palestinian Terrorists Is Consonant with International Humanitarian Law," para.14
<http://www.stoptorture.org.il//eng/images/uploaded/publications/64.pdf>, accessed on April 5, 2006.

211) 米国は、ジュネーヴ第1追加議定書の内容について、米国が履行するか否かを、具体的に条文を挙げて明らかにしているが、第51条第6項は履行しないとしている。
Grimes, ed., *Operational Law Handbook,* pp.15-16.

212) 第10回国連緊急特別総会第16回会合における、イスラエルのランクリー代表の発言。UN Doc. A/ES-10/PV.16 (7 May 2002), pp.17-18.

213) 外務報道官談話「イスラエル軍によるガザ地区空爆について」2002年7月23日
<http://www.mofa.go.jp/mofaj/press/danwa/14/dga_0723.html>, accessed on April 11, 2007.

214) White House, Press Briefing, July 23, 2002
<http://www.whitehouse.gov/news/releases/2002/07/20020723-5.html#2>, accessed on March 23, 2006.

215) Avi Kober, "Israel's Wars of Attrition: Operational and Moral Dilemmas," *Israel Affairs*, Vol.12, No.4 (October 2006), pp.816-817.
イスラエルの敵対行為を過度であるとして批判する文献も、反対に適法とする文献も、多数ある。前者については、本書で引用したものを含めて、ヒューマン・ライツ・ウォッチ（Human Rights Watch）やベツェレム（B'TSELEM）などのＮＧＯが多数公表している。なお、前者は人権保護を目的とする国際的団体であり、後者はヨルダン川西岸・ガザでイスラエル政府が人権を保護するよう促すことを目的とするイスラエルの団体である。イスラエルの敵対行為を適法とする文献としては、本書で引用したもの以外に次の文献がある。
Alan Dershowitz, *The Case for Israel* (Hoboken: John Wiley and Sons, 2003).

216) United Kingdom, *Manual of the Law of Armed Conflict,* p.62.

217) Cassese, "Expert Opinion," para.18.

218) David Kretzmer, "Targeted Killing of Suspected Terrorists: Extra-Judicial Executions or Legitimate Means of Defence?" *European Journal of International Law,* Vol.16, No.2 (2005) pp.191-193.

219) Dinstein, *Conduct of Hostilities,* p.99.

220) B'TSELEM, "Human Shield: Use of Palestinian Civilians as Human Shields in Violation of the High Court of Justice Order." Information Sheet, November 2002, p.5
<http://www.btselem.org/Download/200211_Human_Shield_Eng.

pdf>, accessed on September 15, 2006.

221) B'TSELEM, "Take No Prisoners: The Fatal Shooting of Palestinians by Israeli Security Forces during "Arrest Operations"," Information Sheet, May 2005, pp.15-16
 <http://www.btselem.org/Download/200505_Take_No_Prisoners_Eng.pdf>, accessed on March 1, 2007.

222) Israel, Supreme Court, *Adalah - The Legal Center for Arab Minority Rights in Israel v. GOC Central Command, IDF*. HCJ 3799/02 (October 6, 2005), para.24
 <http://elyon1.court.gov.il/files_eng/02/990/037/a32/02037990.a32.pdf> accessed on April 5, 2006.

223) B'TSELEM, "Through No Fault of Their Own: Punitive House Demolitions in the al-Aqsa Intifada," Information Sheet, November 2004, pp.17-18
 <http://www.btselem.org/download/200411_Punitive_House_Demolitions_Eng.pdf>, accessed on September 15, 2006.

224) ＮＧＯの活動に対する制約がまったくないわけではない。例えば、ジェニン・キャンプにおけるイスラエル軍の作戦では、負傷者の医療および死体処理へのＮＧＯの関与は拒否された。Human Rights Watch, "Jenin: IDF Military Operations," *Israel, the Occupied West Bank and Gaza Strip, and the Palestinian Authority Territories,* Vol.14, No.3 (E) (May 2002), pp.41-42
 <http://hrw.org/reports/2002/israel3/israel0502.pdf>, accessed on March 29, 2007.

225) パレスチナの暫定自治においては、司法の独立および法的救済は確立されていない。 Human Rights Watch, "Justice Undermined : Balancing Security and Human Rights in the Palestinian Justice System," *Israel, the Occupied West Bank and Gaza Strip, and the Palestinian Authority Territories,* Vol.13, No.4 (E) (November 2001), pp.13-19

<http://www.hrw.org/reports/2001/pa/isrpa1101.pdf>, accessed on April 13, 2007.
226) Roberts, "Laws of War," p.241. 反対に、自らの世界観や宗教観によって肯定される存在のための法や人道的考慮は強調されることになる。
227) 例えば、「この選択［政治プロセスを放棄しテロリズム戦略の支持に希望を託したパレスチナ指導部の戦略的決定］が、両者［イスラエルとパレスチナ］の文民の死の責任を負う。」という発言。第10回国連緊急特別総会第16回会合における、イスラエルのランクリー代表によるもの。UN Doc. A/ES-10/PV.16 (7 May 2002), p.14.

参 考 文 献

1 日本語文献

阿部俊哉『パレスチナ 紛争と最終的地位問題の歴史』ミネルヴァ書房 2004年

新井京「テロリズムと武力紛争法」『国際法外交雑誌』101 巻 3 号（2002年 11 月）

荒木教夫「イスラエル占領地域の国際法上の地位」『外交時報』1305 号（1994 年 2 月）

有賀長雄編『萬國戰時公法 陸戰條規』陸軍大學校 1894 年「国立国会図書館近代デジタルライブラリー」
　　<http://kindai.ndl.go.jp/index.html> accessed on February 5, 2007.

有賀長雄『戰時國際公法』早稲田大學出版部 1904 年「国立国会図書館 近代デジタルライブラリー」
　　<http://kindai.ndl.go.jp/index.html> accessed on February 8, 2007.

家正治「パレスチナ国家と国際連合」『神戸外大論叢』43 巻 3 号（1992 年 9 月）

家正治「「パレスチナ国家」と領土問題」『政経研究』39 巻 4 号（2003 年 3 月）

池田明史編『現代イスラエル政治 イシューと展開』研究双書 アジア経済研究所 1988 年

池田明史編『中東和平と西岸・ガザ 占領地問題の行方』研究双書 アジア経済研究所 1990 年

池田明史編『イスラエル国家の諸問題』研究双書 アジア経済研究所 1994 年

井上忠男『戦争と救済の文明史 赤十字と国際人道法のなりたち』ＰＨＰ新書 ＰＨＰ研究所 2003 年

猪口邦子『戦争と平和』現代政治学叢書 17 東京大学出版会 1989 年

大石悠二「仮想現実としてのパレスチナ国家—暫定自治、その後—」『江戸川大学紀要 情報と社会』10 号（2000 年 2 月）

城戸正彦『戦争と国際法』改訂版 嵯峨野書院 1996 年

桐山孝信「民族解放闘争における武力紛争法の役割―パレスチナ紛争を素材にして」（第 2 章第 2 節）村瀬 真山『武力紛争の国際法』

ハイム・グラノット ジェイ・レビンソン著 滝川義人訳『イスラエル式テロ対処マニュアル』並木書房 2004 年

国際法学会編『国際関係法辞典』第 2 版 三省堂 2005 年

小林標『ラテン語の世界』中公新書 中央公論新社 2006 年

坂本まゆみ『テロリズム対処システムの再構成』21 世紀国際法学術叢書 5 国際書院 2004 年

篠原梓「国際法定立における国家の同意の役割―黙示同意の推定からコントラクティング・アウトへ―」『亜細亜大学国際関係紀要』13 巻 2 号（2004 年 3 月）

信夫淳平『戦時國際法講義』全 4 巻 丸善 1941 年

田岡良一『国際法Ⅲ』新版 法律学全集 57 有斐閣 1973 年

田岡良一『国際法上の自衛権』補訂版 勁草書房 1981 年

高野雄一『国際法概論（下）』全訂新版 法律学講座双書 弘文堂 1986 年

立山良司『イスラエルとパレスチナ』中公新書 中央公論社 1989 年

立山良司『エルサレム』新潮選書 新潮社 1993 年

立山良司『中東和平の行方』中公新書 中央公論社 1995 年

立山良司『揺れるユダヤ人国家 ポスト・シオニズム』文春新書 文藝春秋 2000 年

立山良司「中東和平プロセスの危機とイスラエル政治」（第 1 章）日本国際問題研究所『イスラエル内政に関する多角的研究』平成 13 年度外務省委託研究報告書 2002 年

筒井若水編『国際法辞典』有斐閣 1998 年

筒井若水『違法の戦争、合法の戦争 国際法ではどう考えるか？』朝日選書 朝日新聞社 2005 年

樋口一彦「1977 年ジュネーヴ諸条約追加議定書への参加をめぐる諸国の態度―フランスおよび米国の参加拒否を中心に―」（第 10 章）藤田久一 松井芳郎 坂元茂樹編『人権法と人道法の新世紀―竹本正幸先

生追悼記念論文集』東信堂 2001 年
藤田久一「内戦と 1949 年ジュネーヴ条約—捕えられた戦闘員の法的保護を中心に—」『国際法外交雑誌』71 巻 2 号（1972 年 7 月）
藤田久一『戦争犯罪とは何か』岩波新書 岩波書店 1995 年
藤田久一『国連法』東京大学出版会 1998 年
藤田久一『新版 国際人道法』増補 有信堂高文社 2000 年
松山健二「イスラエルの安全保障と「一方的分離」構想」『レファレンス』53 巻 5 号 628 号（2003 年 5 月）
宮坂直史『国際テロリズム論』芦書房 2002 年
村瀬信也 真山全『武力紛争の国際法』東信堂 2004 年
薬師寺公夫「国際人権法とジュネーヴ法の時間的・場所的・人的適用範囲の重複とその問題点」（第 2 章第 6 節）村瀬 真山『武力紛争の国際法』
マーク・ユルゲンスマイヤー著 立山良司監修 古賀林幸 櫻井元雄訳『グローバル時代の宗教とテロリズム いま、なぜ神の名で人の命が奪われるのか』明石書店 2003 年
横田勇人『パレスチナ紛争史』集英社新書 集英社 2004 年

2 英語文献

Aboul-Enein, Youssef H., and Sherifa Zuhur. "Islamic Rulings on Warfare." Strategic Studies Institute, October 2004
　　<http://www.strategicstudiesinstitute.army.mil/pdffiles/PUB588.pdf>, accessed on November 16, 2005.

Abunimah, Ali. "On Violence and the Intifada." in Stohlman and Aladin, *Live from Palestine: International and Palestinian Direct Action against the Israeli Occupation.*

Bard, Mitchell G. *Myths and Facts: A Guide to the Arab-Israeli Conflict.* Chevy Chase: American-Israeli Cooperative Enterprise, 2002.

Ben Yishay, Ariel. "Palestinian Economy, Society and the Second

Intifada." *Middle East Review of International Affairs,* Vol.6, No.3 (September 2002)

<http://meria.idc.ac.il/journal/2002/issue3/ben-yishay.pdf>, accessed on January 11, 2005.

Benvenisti, Eyal. "The Israeli-Palestinian Declaration of Principles: A Framework for Future Settlement." *European Journal of International Law,* vol.4, no.4 (1993),

<http://www.ejil.org/journal/Vol4/No4/art5.pdf>, accessed on November 29, 2006.

Bothe, Michael. "Legal Restraints on Targeting: Protection of Civilian Population and the Changing Faces of Modern Conflicts." *Israel Yearbook on Human Rights,* Vol.31 (2001).

B'TSELEM. "Excessive Force: Human Rights Violations during IDF Actions in Area A." Information Sheet, December 2001 <http://www.btselem.org/Download/200112_Excessive_Force_Eng. pdf>, accessed on April 11, 2007.

B'TSELEM. "Human Shield: Use of Palestinian Civilians as Human Shields in Violation of the High Court of Justice Order." Information Sheet, November 2002

<http://www.btselem.org/Download/200211_Human_Shield_Eng. pdf>, accessed on September 15, 2006.

B'TSELEM. "Through No Fault of Their Own: Punitive House Demolitions in the al-Aqsa Intifada." Information Sheet, November 2004 <http://www.btselem.org/download/200411_Punitive_House_ Demolitions_Eng.pdf>, accessed on September 15, 2006.

B'TSELEM. "Take No Prisoners: The Fatal Shooting of Palestinians by Israeli Security Forces during "Arrest Operations"." Information Sheet, May 2005

<http://www.btselem.org/Download/200505_Take_No_Prisoners_ Eng.pdf>, accessed on March 1, 2007.

Canada. Office of the Judge Advocate General. *The Law of Armed Conflict at the Operational and Tactical Levels.* B-GJ-005-104/FP-021. 2003

<http://www.forces.gc.ca/jag/training/publications/law_of_armed_conflict/loac_2004_e.pdf>, accessed on November 8, 2005.

Canada. Office of the Judge Advocate General. *Collection of Documents on the Law of Armed Conflict.* 2005 ed. B-GG-005-027/AF-022. 2005
<http://www.forces.gc.ca/jag/training/publications/law_of_armed_conflict/collection_of_docs_on_loac_2005_en.pdf >, accessed on November 8, 2005.

Cassese, Antonio. "Expert Opinion on Whether Israel's Targeted Killings of Palestinian Terrorists Is Consonant with International Humanitarian Law."

<http://www.stoptorture.org.il//eng/images/uploaded/publications/64.pdf>, accessed on April 5, 2006.

Chadwick, Elizabeth. *Self-determination, Terrorism, and the International Humanitarian Law of Armed Conflict.* Martinus Nijhoff Publishers: The Hague, 1996.

Copson, Raymond W., Coordinator. "Iraq War: Background and Issues Overview." *Report for Congress,* RL31715 (updated, April 22, 2003),

<http://fpc.state.gov/documents/organization/19854.pdf>, accessed on September 22, 2006.

Craig, Gordon A., and Alexander L. George, Force and Statecraft: *Diplomatic Problems of Our Time.* 3rd ed. New York: Oxford University Press, 1995.〔木村修三 五味俊樹 高杉忠明 滝田賢治 村田晃嗣訳『軍事力と現代外交—歴史と理論で学ぶ平和の条件』有斐閣 1997 年〕

David, Steven R. "Fatal Choices: Israel's Policy of Targeted Killing." *Mideast Security and Policy Studies,* No. 51 (September 2002)

<http://www.biu.ac.il/Besa/david.pdf>, accessed on May 8, 2006.
- Dershowitz, Alan. *The Case for Israel*. Hoboken: John Wiley and Sons, 2003.
- Detter, Ingrid. *The Law of War*. 2nd ed. Cambridge: Cambridge University Press, 2000.
- Dinstein, Yoram. "The International Legal Dimensions of the Arab-Israeli Conflict," in *Israel among the Nations: International and Comparative Law Perspectives on Israel's 50th Anniversary*, eds. Alfred E. Kellermann, Kurt Siehr and Talia Einhorn, The Hague: Kluwer Law International, 1998.
- Dinstein, Yoram. *War, Aggression and Self-Defence*. 3rd ed. Cambridge: Cambridge University Press, 2001.
- Dinstein, Yoram. *The Conduct of Hostilities under the Law of International Armed Conflict*. Cambridge: Cambridge University Press, 2004.
- Dunlap, Charles J., Jr., "Law and Military Interventions: Preserving Humanitarian Values in 21st Century Conflicts." working paper, The Carr Center for Human Rights Policy, John F. Kennedy School of Government, Harvard University, November 29-30, 2001, <http://www.ksg.harvard.edu/cchrp/Web%20Working%20Papers/Use%20of%20Force/Dunlap2001.pdf>, accessed on September 13, 2006.
- Dunnigan, James F. *How to Make War: A Comprehensive Guide to Modern Warfare for the Post-Cold Era*. 3rd ed. New York: William Morrow, 1993.
- Elsea, Jennifer. "Terrorism and the Law of War: Trying Terrorists as War Criminals before Military Commissions." *CRS Report for Congress*, RL31191 (updated December 11, 2001), <http://fpc.state.gov/documents/organization/7951.pdf>, accessed on November 16, 2005.
- Erickson, Richard J. *Legitimate Use of Military Force against State-*

Sponsored International Terrorism. 1989. Reprinted. Honolulu: University Press of the Pacific, 2002.

Finkelstein, Menachem. "The Dilemma of the Military Judge-Advocate General." Chap.9 in *Democratic Societies and Their Armed Forces: Israel in Comparative Context,* edited by Stuart A. Cohen, London: Frank Cass, 2000.

Fleck, Dieter, ed. *The Handbook of Humanitarian Law in Armed Conflicts*. 1995. Reprinted. Oxford: Oxford University Press, 2004.

Freedman, Lawrence, Christopher Hill, Adam Roberts, R. J. Vincent, Paul Wilkinson and Philip Windsor. *Terrorism and International Order*. London: Routledge and Kegan Paul, 1986.

Friedman, Ina. "Democracy vs. Security." *The Jerusalem Report,* Vol.13, No.10 (September 9, 2002).

Gasser, Hans-Peter. "Acts of Terror, "Terrorism" and International Humanitarian Law." *International Review of the Red Cross,* Vol.84, No.847 (September 2002)
<http://www.icrc.org/Web/eng/siteeng0.nsf/htmlall/5FLCCX/$File/irrc_847_Gasser.pdf>, Accessed on February 26, 2007.

Gazit, Shlomo. *Trapped Fools: Thirty Years of Israeli Policy in the Territories*. London: Frank Cass, 2003.

Gillard, Emanuela-Chiara. "Reparation for Violations of International Humanitarian Law." *International Review of the Red Cross,* Vol. 85, No. 851 (September 2003)
<http://www.icrc.org/Web/eng/siteeng0.nsf/htmlall/5SRLFZ/$File/irrc_851_Gillard.pdf>, accessed on November 11, 2005.

Greenwood, Christopher. "Historical Development and Legal Basis." Chap.1 in Fleck, *The Handbook of Humanitarian Law in Armed Conflicts*.

Grimes, Derek I., ed. *Operational Law Handbook (2005)* (Charlottesville: The Judge Advocate General's Legal Center and School, 2005)

<http://sja.hqmc.usmc.mil/jao/sources/Files/OpLaw% 20Handbook% 2005% 20PDF.pdf>, accessed on February 4, 2005.

Herzog, Chaim. *The Arab-Israeli Wars: War and Peace in the Middle East.* New York: Vintage Books, 1984.

Hofnung, Menachem. *Democracy, Law and National Security in Israel.* Aldershot: Dartmouth Publishing Company, 1996.

Howard, Michael, George J. Andreopoulos and Mark R. Shulman, eds. *The Laws of War: Constraints on Warfare in the Western World.* New Haven: Yale University Press, 1994.

Human Rights Watch. "Justice Undermined: Balancing Security and Human Rights in the Palestinian Justice System." *Israel, the Occupied West Bank and Gaza Strip, and the Palestinian Authority Territories.* Vol.13, No.4 (E) (November 2001)
<http://www.hrw.org/reports/2001/pa/isrpa1101.pdf>, accessed on April 13, 2007.

Human Rights Watch. "Jenin: IDF Military Operations." *Israel, the Occupied West Bank and Gaza Strip, and the Palestinian Authority Territories.* Vol.14, No.3 (E) (May 2002)
<http://hrw.org/reports/2002/israel3/israel0502.pdf>, accessed on March 29, 2007.

Human Rights Watch. *Erased in A Moment: Suicide Bombing Attacks against Israeli Civilians.* October 2002
<http://www.hrw.org/reports/2002/isrl-pa/ISRAELPA1002.pdf>, accessed on September 2, 2004.

Ipsen, Knut. "Combatants and Non-Combatants." Chap.3 in Fleck, *The Handbook of Humanitarian Law in Armed Conflicts.*

Israel. *Disputed Territories: Forgotten Facts about the West Bank and Gaza Strip*
<http://securityfence.mfa.gov.il/mfm/Data/45872.pdf>, accessed on September 7, 2004.

Israel, *Written Statement of the Government of Israel on Jurisdiction and Propriety: Request for an Advisory Opinion from the 10th Emergency Special Session of the United Nations General Assembly on "the legal consequences arising from the construction of the wall being built by Israel"*, *January* 30 2004, para.3.65
 <http://www.icj-cij.org/docket/files/131/1579.pdf>, accessed on May 23, 2007.

Israel. Supreme Court, *Adalah - The Legal Center for Arab Minority Rights in Israel v. GOC Central Command, IDF*. HCJ 3799/02 (October 6, 2005)
 <http://elyon1.court.gov.il/files_eng/02/990/037/a32/02037990.a32.pdf> accessed on April 5, 2006.

Israel. Supreme Court, *Ajuri v. IDF Commander*. HCJ 7015/02, HCJ 7019/02 (September 3, 2002)
 <http://elyon1.court.gov.il/files_eng/02/150/070/a15/02070150.a15.pdf> accessed on April 17, 2006.

Israel. Supreme Court, *Beit Sourik Village Council v. The Government of Israel*. HCJ 2056/04 (June 30, 2004)
 <http://securityfence.mfa.gov.il/mfm/Data/55414.pdf>, accessed on September 7, 2004.

Kalshoven, Frits, and Liesbeth Zegveld, *Constraints on the Waging of War: An Introduction to International Humanitarian Law* (Geneva: International Committee of the Red Cross, 2001)
 <http://www.icrc.org/Web/Eng/siteeng0.nsf/htmlall/p0793/$File/ICRC_002_0793.PDF!Open> accessed on February 26, 2007.

Katzman, Kenneth. "The PLO and Its Factions." *CRS Report for Congress,* RS21235 (June 10, 2002)
 <http://fpc.state.gov/documents/organization/11562.pdf>, accessed on November 27, 2006.

Kober, Avi. "Israel's Wars of Attrition: Operational and Moral Dilemmas."

Israel Affairs, Vol.12, No.4 (October 2006).

Kretzmer, David. *The Occupation of Justice: The Supreme Court of Israel and the Occupied Territories.* Albany: State University of New York Press, 2002.

Kretzmer, David. "Targeted Killing of Suspected Terrorists: Extra-Judicial Executions or Legitimate Means of Defence?" *European Journal of International Law,* Vol.16, No.2 (2005).

Laqueur, Walter, and Barry Rubin, eds. *The Israel-Arab Reader: A Documentary History of the Middle East Conflict.* 6th revised ed. New York: Penguin Books, 2001.

Lavoyer, Jean-Philippe. "International Humanitarian Law: Should It Be Reaffirmed, Clarified or Developed." *Israel Yearbook on Human Rights,* Vol.34 (2004).

Luft, Gal. "The Palestinian H-Bomb: Terror's Winning Strategy." *Foreign Affairs,* Vol.81, No.4 (July/August 2002).

Mann, Kenneth. "Judicial Review of Israeli Administrative Actions against Terrorism: Temporary Deportation of Palestinians from the West Bank to Gaza." *Middle East Review of International Affairs,* Vol.8, No.1 (March 2004)
<http://meria.idc.ac.il/journal/2004/issue1/mann.pdf>, accessed on January 11, 2005.

Mark, Clyde R. "Israeli-United States Relations." *CRS Issue Brief for Congress,* IB82008 (updated, April 28, 2005)
<http://fpc.state.gov/documents/organization/47089.pdf>, accessed on November 21, 2006.

Merari, Ariel. "Israel Facing Terrorism." *Israel Affairs,* Vol.11, No.1 (January 2005).

Migdalovitz, Carol. "The Middle East Peace Talks." *CRS Issue Brief for Congress,* IB91137 (updated, April 5, 2006)
<http://fpc.state.gov/documents/organization/64453.pdf>, accessed

on November 30, 2006.

Morris, Benny. *Righteous Victims: A History of the Zionist-Arab Conflict, 1881-2001*. New York: Vintage Books, 2001.

Neuman, Gerald L. "Humanitarian Law and Counterterrorist Force." *European Journal of International Law,* Vol.14, No.2 (April 2003).

O'brien, William V. *Law and Morality in Israel's War with the PLO*. Routledge: New York, 1991.

Oeter, Stefan. "Methods and Means of Combat." Chap.4 in Fleck, *The Handbook of Humanitarian Law in Armed Conflicts*.

Parker, Geoffrey. "Early Modern Europe." Chap.4 in Howard, Andreopoulos and Shulman, *The Laws of War: Constraints on Warfare in the Western World*.

Perl, Raphael. "Terrorism and National Security: Issues and Trends." *CRS Issue Brief for Congress,* IB10119 (updated, September 8, 2005) <http://fpc.state.gov/documents/organization/54249.pdf>, accessed on December 13, 2005.

Pfanner, Toni. "Military Uniforms and the Law of War." *International Review of the Red Cross,* Vol. 86, No.853 (March 2004) <http://www.icrc.org/Web/eng/siteeng0.nsf/htmlall/5ZBE5X/$File/IRRC_853_Pfanner.pdf>, accessed on November 10, 2005.

Pina, Aaron D. "Palestinian Elections." *CRS Report for Congress,* RL33269 (February 9, 2006)
<http://fpc.state.gov/documents/organization/61358.pdf>, accessed on November 22, 2006.

Playfair, Emma, ed. *International Law and the Administration of Occupied Territories: Two Decades of Israeli Occupation of the West Bank and Gaza Strip*. 1992. Reprinted. Oxford : Oxford University Press, 2003.

Qupty, Mazen. "The Application of International Law in the Occupied Territories as Reflected in the Judgments of the High Court of Justice in Israel." Chap.2 in Playfair, *International Law and the Administration of Occupied Territories.*

Reisman, W. Michael, and James E. Baker. *Regulating Covert Action: Practices, Contexts, and Policies of Covert Coercion Abroad in International and American Law.* New Haven: Yale University Press, 1992.〔宮野洋一 奥脇直也訳『国家の非公然活動と国際法』日本比較法研究所翻訳叢書44 中央大学出版部 2001年〕

Roberts, Adam. "Prolonged Military Occupation: The Israeli-Occupied Territories 1967-1988." Chap.1 in Playfair, *International Law and the Administration of Occupied Territories.*

Roberts, Adam. "The Laws of War in the War on Terror." *Israel Yearbook on Human Rights,* Vol.32 (2002).

Roberts, Adam, and Richard Guelff, eds., *Documents on the Laws of War.* 3rd ed. 2000. Reprinted. Oxford: Oxford University Press, 2004.

Rothenberg, Gunther. "The Age of Napoleon." Chap.6 in Howard, Andreopoulos and Shulman, *The Laws of War*: Constraints on Warfare in the Western World.

Schiff, Ze'ev. *A History of the Israeli Army: 1874 to the Present.* New York: Macmillan Publishing Company, 1985.

Schmitt, Michael N. "Targeting and Humanitarian Law: Current Issues." *Israel Yearbook on Human Rights,* Vol.34 (2004).

Shapira, Amos, and Keren C. DeWitt-Arar, eds. *Introduction to the Law of Israel.* The Hague: Kluwer Law International, 1995.

Sharm El-Sheikh Fact-Finding Committee Report. April 30, 2001 <http://www.state.gov/p/nea/rls/rpt/3060.htm>, accessed on February 1, 2007.

Stohlman, Nancy, and Laurieann Aladin, eds. *Live from Palestine: International and Palestinian Direct Action against the Israeli Occupation.* Cambridge: South End Press, 2003.

Tal, Israel. National Security: *The Israeli Experience.* translated by

Martin Kett. Westport: Praeger Publishers, 2000.

Townshend, Charles. *Terrorism: A Very Short Introduction.* Oxford: Oxford University Press, 2002.〔宮坂直史訳・解説『一冊でわかるテロリズム』岩波書店 2003 年〕

United Kingdom. Ministry of Defence. *The Manual of the Law of Armed Conflict* Oxford: Oxford University Press, 2004.

U.S. Department of Defense. Department of Defense Directive. No. 5100.77 (December 9, 1998)
<http://www.dtic.mil/whs/directives/corres/pdf/d510077_120998/d510077p.pdf>, accessed on October 28, 2005.

U.S. Joint Chiefs of Staff. *Department of Defense Dictionary of Military and Associated Terms,* Joint Publication 1-02 (April 12, 2001 ((As Amended through November 30, 2004)),
<http://www.dtic.mil/doctrine/jel/new_pubs/jp1_02.pdf>, accessed on May 18, 2005.

U.S. Joint Chiefs of Staff. *Joint Doctrine for Targeting,* Joint Publication 3-60 (January 17, 2002)
<http://www.dtic.mil/doctrine/jel/new_pubs/jp3_60.pdf>, accessed on May 18, 2005.

Walzer, Michael. *Just and Unjust Wars: A Moral Argument with Historical Illustrations* 3rd ed. New York: Basic Books, 2000.

Zegveld, Liesbeth. "Remedies for Victims of Violations of International Humanitarian Law." *International Review of the Red Cross,* Vol.85, No.851 (September 2003)
<http://www.icrc.org/Web/eng/siteeng0.nsf/htmlall/5SRELT/$File/irrc_851_Zegveld.pdf>, accessed on November 11, 2005.

■著者紹介

松山　健二（まつやま　けんじ）
　　1967年　生まれ
　　1990年　早稲田大学政治経済学部政治学科卒業
　　1999年　青山学院大学修士（国際政治学）
　　1990年　国立国会図書館入館。約10年にわたり調査及び
　　　　　　立法考査局外交防衛課に勤務。
　　現　在　総務部勤務
　　専門分野　安全保障

武力紛争法とイスラエル・パレスチナ紛争
―第2次インティファーダにおけるテロと国家テロ―

2008年2月29日　初版第1刷発行

■著　者――松山健二
■発行者――佐藤　守
■発行所――株式会社 大学教育出版
　　　　　〒700-0953　岡山市西市855-4
　　　　　電話(086)244-1268代　FAX(086)246-0294
■印刷製本――モリモト印刷㈱
■装　　丁――ティーボーンデザイン事務所

©Kenji Matsuyama 2008, Printed in Japan
検印省略　　落丁・乱丁本はお取り替えいたします。
無断で本書の一部または全部を複写・複製することは禁じられています。

ISBN978-4-88730-811-4